Kohlhammer

Der Autor

Fabian Hoff erhielt 2009 die Diagnose Autismus. Seit mehreren Jahren ist er freiberuflich als Referent in der Fort- und Weiterbildung zum Thema Autismus-Spektrum tätig (u. a. für den Bundesverband Autismus). Er ist selbst Schul- und Studienbegleiter.

Fabian Hoff

Schulbegleitung und Autismus

Strategien und Erfahrungen
eines autistischen
Schulbegleiters

Verlag W. Kohlhammer

Dieses Werk einschließlich aller seiner Teile ist urheberrechtlich geschützt. Jede Verwendung außerhalb der engen Grenzen des Urheberrechts ist ohne Zustimmung des Verlags unzulässig und strafbar. Das gilt insbesondere für Vervielfältigungen, Übersetzungen und für die Einspeicherung und Verarbeitung in elektronischen Systemen.

Die Wiedergabe von Warenbezeichnungen, Handelsnamen und sonstigen Kennzeichen berechtigt nicht zu der Annahme, dass diese frei benutzt werden dürfen. Vielmehr kann es sich auch dann um eingetragene Warenzeichen oder sonstige geschützte Kennzeichen handeln, wenn sie nicht eigens als solche gekennzeichnet sind.

Es konnten nicht alle Rechtsinhaber von Abbildungen ermittelt werden. Sollte dem Verlag gegenüber der Nachweis der Rechtsinhaberschaft geführt werden, wird das branchenübliche Honorar nachträglich gezahlt.

Dieses Werk enthält Hinweise/Links zu externen Websites Dritter, auf deren Inhalt der Verlag keinen Einfluss hat und die der Haftung der jeweiligen Seitenanbieter oder -betreiber unterliegen. Zum Zeitpunkt der Verlinkung wurden die externen Websites auf mögliche Rechtsverstöße überprüft und dabei keine Rechtsverletzung festgestellt. Ohne konkrete Hinweise auf eine solche Rechtsverletzung ist eine permanente inhaltliche Kontrolle der verlinkten Seiten nicht zumutbar. Sollten jedoch Rechtsverletzungen bekannt werden, werden die betroffenen externen Links soweit möglich unverzüglich entfernt.

Abbildungen 2.1, 2.2, 2.3, 2.4 und 2.5: Monika Nemet, monikanemet.de

1. Auflage 2022

Alle Rechte vorbehalten
© W. Kohlhammer GmbH, Stuttgart
Gesamtherstellung: W. Kohlhammer GmbH, Heßbrühlstr. 69, 70565 Stuttgart
produktsicherheit@kohlhammer.de

Print:
ISBN 978-3-17-041829-5

E-Book-Formate:
pdf: ISBN 978-3-17-041830-1
epub: ISBN 978-3-17-041831-8

Danke Susanne, dass Du an mich geglaubt hast, als es niemand sonst getan hat. Ohne Dich hätte es dieses Buch niemals gegeben.

Danke Moni, für die Eisbären und noch viel mehr.

Danke Nadja, für ein Fels in der Brandung sein.

Danke Mama, für alles.

Inhalt

1	**Einführung**	**9**
1.1	Ziel der Schulbegleitung	9
1.2	Wie das Buch funktioniert	11
1.3	Begriffserklärungen	12
1.4	Ein paar Worte über mich	14
2	**Über Autismus**	**17**
2.1	Ein paar Worte über Autismus	17
2.2	Die Intense World Theory	23
2.3	Unterschiedliche sensorische Erfahrungen	28
2.4	Ein anderes Körpergefühl	29
2.5	Fokussiertes Denken und ausgeprägte Interessen	35
2.6	Bedürfnis nach Beständigkeit, Routine und Ordnung	37
2.7	Anspannung, Entspannung und Überreizung	38
2.8	Sozialverhalten und Kommunikation	47
3	**Ursachen**	**50**
3.1	Sensorische Reize	50
3.2	Intrinsische Motivation	55
3.3	Erwartungskonflikte	61
3.4	Autismus und Lernen	66
4	**Exkurse für die alltägliche Praxis**	**74**
4.1	Drei grundsätzliche Bereiche	74
4.2	Kommunikationsebenen etablieren	85
4.3	Spezialinteressen, Fantasiewelten und intensive Fokussierung	93
4.4	Strukturierung	98
4.5	Rollenspiele	109
4.6	Stressmanagement und Detektivarbeit	113
4.7	Essen sortieren und andere körperliche Sensationen	114

| 4.8 | Wann soll ich eingreifen? | 115 |

5 Beispiele — 118

| 5.1 | Utopie | 119 |
| 5.2 | Beispiele | 125 |

6 Perspektiven und Schlusswort — 133

| 6.1 | Autistische Kultur und Neurotribes | 133 |
| 6.2 | Schlusswort | 136 |

7 Verzeichnis der Rezepte — 138

Literatur — 139

1

Einführung

1.1 Ziel der Schulbegleitung

Schulbegleitung ist eine Tätigkeit, die sehr vielfältige Formen annehmen kann. Um zu einem guten Ergebnis zu kommen, kann es notwendig sein, sich wie ein Schaf unter eine Herde von Schafen zu mischen. Es kann aber auch notwendig sein, so wie der Schäferhund am Rande der Herde zu wachen, und nur einzugreifen, wenn es notwendig wird. Wichtige Grundsätze sind:

- Schulbegleiterinnen sind keine Lehrerinnen, keine Erzieherinnen und kein Vormund!
- Schulbegleiterinnen sind Erfüllungsgehilfen eines Prozesses (der Schulbesuch), der eigentlich auch ohne sie funktionieren sollte.
- Schulbegleiterinnen arbeiten stets daran, sich selbst überflüssig zu machen.
- Bei allem, was sie machen, gilt: so viel wie nötig, so wenig als möglich.

Das oberste Ziel ist es, der Klientin zu ermöglichen, den Schultag selbstbestimmt und in Würde zu absolvieren und die gleichen Erfahrungen machen zu können, wie die neurotypischen Kinder!

Diese Ziele dürfen niemals außer Acht gelassen werden, auch wenn sie in einer konkreten Situation unerfüllbar erscheinen oder tatsächlich unerfüllbar sind. Auch ein unerfüllbares Ziel ist ein Ziel, an dem man sich in seinem Handeln ausrichten kann. Um noch einen weiteren Widerspruch hinzuzufügen: Alle Regeln in diesem Buch, selbst der Grundsatz im vorigen Absatz, sind Regeln, die in bestimmten Situationen gebrochen werden müssen, um das optimale Ergebnis für Klientinnen herauszuholen. Allein, sie dürfen niemals vergessen werden. Jeder Regelbruch bringt Kosten mit sich, die zumeist auf das Konto der Klientin gehen. Ein solches Vorgehen lässt sich nur rechtfertigen, wenn die Klientin einen Gewinn hat, der den Verlust ausgleicht oder sogar übertrifft.

> **Beispiel**
> Toni ist ein aufgewecktes Mädchen, aber auch ziemlich verpeilt. Sie vergisst regelmäßig ihren Turnbeutel in Klassenräumen. An normalen bis guten Tagen lässt ihr Schulbegleiter ihren Turnbeutel liegen. Sobald Toni bemerkt, dass sie ihren Turnbeutel vergessen hat, muss sie ihn aus dem anderen Klassenraum holen gehen. Das ist für Toni ärgerlich, weil es ihren Tagesablauf durcheinander bringt. Und dass sie sich ärgert, ist die Dynamik, die letzten Endes dazu führen kann, dass Toni sich eine Technik überlegt, wie sie ihren Turnbeutel nicht mehr vergisst. Es wäre also nicht sinnvoll, ihr den Beutel immer hinterher zutragen.
>
> Heute allerdings hatte Toni einen sehr schlechten Tag. Sie hat nur noch wenig Energie übrig und befindet sich bereits latent im Overload. Ihr Schulbegleiter beschließt, an diesem Tag ihren Turnbeutel mit in den nächsten Klassenraum zu tragen. Er will auf jeden Fall vermeiden, dass der Overload sich in einen Meltdown entlädt, weil ein ausgiebiger Meltdown bei Toni auch zur Folge haben kann, dass sie danach mehrere Tage in der Schule fehlt, weil sie die Zeit benötigt, um sich zu erholen.

Es gilt also, dass wir die Beständigkeit und die Regelmäßigkeit, die wir für unsere Klientinnen zu erschaffen versuchen, auf gar keinen Fall für uns selbst in Anspruch nehmen können. Als Schulbegleiterinnen müssen wir uns ständig an die Bedürfnisse unserer Schutzbefohlenen anpassen, und die können je nach Situationen und Kontext sehr unterschiedlich oder auf den ersten Blick widersprüchlich sein.

1.2 Wie das Buch funktioniert

Ich gehe davon aus, dass Sie, wenn sie sich dazu entschlossen haben, dieses Buch zu lesen, bereits gewisse Erfahrungen mit dem Thema Autismus gesammelt haben. Ich werde daher Autismus nicht von Grund auf erklären. Stattdessen werde ich das Autismusmodell vorstellen, auf dem meine Arbeit basiert. Es leitet sich aus innerem Erleben, eigenen Erfahrungen mit mir selbst und anderen autistischen Personen sowie wissenschaftlichen Vorstellungen her. Außerdem werde ich ein bisschen gegen das Wort Störung wettern, da ich es aus verschiedensten Gründen für falsch und bei der Schulbegleitung als Störfaktor empfinde, Autismus defizitär zu definieren.

Autismus ist ein multidimensionales und komplexes Phänomen. Es gibt nicht das eine Knie, über das man jeden Aspekt von Autismus brechen kann. Der Ansatz dieses Buches ist, sich in wiederholten Iterationen aus verschiedenen Perspektiven dem Thema Schulbegleitung und Autismus anzunähern. Dabei werde ich versuchen, immer wieder einen Zusammenhang herzustellen zwischen einzelnen autistischen Phänomenen und den dahinter liegenden zentralen Wirkmechanismen von Autismus.

Das Buch ist als Praxisratgeber konzipiert. Es gibt drei wesentliche Abschnitte. Das zweite Kapitel erklärt zwei Modelle, die die Basis für den praktischen Teil darstellen: die Intense World Theory und das Eisbärmodell. Das dritte Kapitel soll Zusammenhänge zwischen autistischem Sein und Herausforderungen, die bei der Schulbegleitung auftreten können, aufzeigen. Im vierten Kapitel werden verschiedene praktische Ansätze für die alltägliche Arbeit vorgestellt und erläutert. Im fünften Kapitel soll an verschiedenen Beispielen dargestellt werden, wie all die zuvor besprochenen Ansätze zu einer gelungenen Begleitung verwebt werden können. Dabei orientiert sich das Buch an der in Deutschland vorherrschenden Konstellation: die Schulbegleitung ist eine externe (Fach-)Kraft, die von einem Träger für Schulhilfe angestellt ist und die Klienten in der Schule begleitet.

Ich versuche, typische autistische Verhaltensweisen aufzuzeigen. Allerdings ist es so, dass Autisten genauso individuell sind wie Neurotypiker. Es ist daher nicht möglich, jede Variante und jede Ausformung darzustellen. Ich versuche deshalb oft ein Spektrum aufzuzeigen. Im Abschnitt über Overloads beschreibe ich, dass Fähigkeitsverlust soweit gehen kann, dass auch die Kontrolle über basale Körperfunktionen verloren gehen kann. Ich beschreibe in dem Beispiel einen Klienten, der sich einnässt. Wenn Ihr Klient sich erbrechen muss, dann kann das natürlich dieselbe Ursache sein, die sich nur in einer anderen Variante darstellt. Die Abstraktionsleistung, diese Dinge entsprechend einzuordnen, die muss natürlich von Ihnen selbst erfolgen.

Das gleiche Prinzip gilt für die umschriebenen Hilfsansätze. Ich versuche diese Dinge so genau zu beschreiben, dass sie übernommen werden können. Zugleich versuche ich diese Dinge so abstrakt zu beschreiben, dass möglichst die Wirkprinzipien, die ihnen zu Grunde liegen, deutlich werden. Jede dieser Hilfestellungen kann und *soll* an die individuellen Bedürfnisse Ihrer Klienten angepasst werden. Um dies zu erleichtern, habe ich an die Kapitel hinten Rezepte mit spezifischen Anwendungsgebieten angehängt, die als Zusammenfassungen dienen sollen.

Bezüglich des Gendering habe ich mich für folgende Variante entschieden: Ich verwende für jedes Unterkapitel abwechselnd weibliche und männliche generische Formen. Dabei bleiben intersexuelle und nicht-binäre Personen leider unsichtbar, weshalb ich sie an dieser Stelle erwähnen möchte.

1.3 Begriffserklärungen

Coping beziehungsweise Copingskills
Als Coping bezeichnet man Dinge, die eine Person tut, um eine überfordernde Situation auszuhalten oder erträglich zu machen.

Dissoziieren
Als Dissoziation bezeichnet man eine Unterbrechung der normalen Integration psychischer Funktionen. Damit einhergehen kann eine Fragmentierung des Bewusstseins, der Verlust von kognitiven Fähigkeiten und Identität sowie eine Verschiebung der Wahrnehmung der eigenen Person und der Umwelt.

Haptik
Als haptische Wahrnehmung bezeichnet man Wahrnehmung durch aktives Erkunden in Form von Berührung.

Meltdown

Als Meltdown bezeichnet man es, wenn eine Person auf eine Überreizung mit einem Nervenzusammenbruch, einem Wutausbruch oder anderweitigem herausforderndem Verhalten reagiert. Es geht also um nach außen gewandtes Verhalten.

Meme

Der Begriff Meme ist ursprünglich von Richard Dawkins geprägt worden und später von Susan Blackmore ausgearbeitet worden. Es umschreibt analog zur genetischen Vererbung Verhaltensformen, die von Generation zu Generation weitergegeben werden. Während dieser Begriff aber nur in entsprechenden Kreisen bekannt ist, steht der Begriff Meme in der Öffentlichkeit heutzutage für Internetmemes und ähnelt dem von Dawkins eingeführten Begriff.

Internetmemes sind Bilder, Videos oder Textstücke, die oft einen gewissen Humor oder Weisheiten enthalten. Sie werden immer wieder in Variationen weiterentwickelt. Sie zeichnen sich oft dadurch aus, dass ein gewisser Umstand sehr pointiert auf den Punkt gebracht wird und bieten sich daher für die Verwendung in visuellen Strukturierungshilfen an.

Neurotypiker (kurz NT)

Der Begriff NT hat sich unter Autistinnen eingebürgert, um über Menschen zu sprechen, die keine Autistinnen sind. Neurotypisch bedeutet, neurologisch so ausgestattet zu sein, wie es der Norm entspricht.

Normal

Der Begriff normal ist natürlich ein theoretischer. Jeder Mensch ist ein Individuum und einen normalen Menschen gibt es in diesem Sinne natürlich nicht. Dennoch ist es so, dass es Merkmale gibt, die so weit verbreitet sind, dass es sofort auffällt, wenn einem Menschen ein solches Merkmal fehlt. Im Rahmen dieses Buch kann es also vorkommen, dass der Begriff »normal« als rhetorische Abkürzung verwendet wird, zum Beispiel um zwischen Autistinnen und Nicht-Autistinnen unterscheiden zu können.

Overload

Als Overload bezeichnet man es, wenn bei einer Person eine Überreizung vorliegt, die dazu führt, dass die Person in ihrer Funktionalität, aber insbesondere in ihrer kognitiven Funktionalität eingeschränkt ist. Es kann sein, dass Fähigkeiten, die sonst vorhanden sind, nicht mehr abgerufen werden können. Ein Overload kann auch Unwohlsein hervorrufen, wobei dies aber auch von der Person selbst nicht immer bemerkt wird.

Rage Faces
Rage Faces sind eine Art von Meme, vergleiche dazu obige Definition. Es handelt sich um sehr expressive Gesichter, die sich zum Beispiel als Material für Comic Strip Conversations, Social Stories oder visuelle Strukturierungshilfen anbieten.

Shutdown
Überreizung kann nicht nur zu einem Meltdown, sondern auch zu Apathie, Handlungsunfähigkeit oder Einfrieren führen. Der Shutdown ist die nach innen gerichtet Variante des Meltdowns.

Stimming
Stimming leitet sich von den englischen Begriffen *Self Stimulation* ab und steht synonym für Tätigkeiten, die eine autistische Person ausführt, um sich selbst Komfort zu verschaffen oder sich auszudrücken. Ein Beispiel dafür wäre, sich auf den Boden zu setzen und vor und zurück zu wippen.

1.4 Ein paar Worte über mich

Ich habe erst mit 26 herausgefunden, dass ich Autist bin. Zwar habe ich die Schule größtenteils erfolgreich absolvieren können, gegen Ende meiner Schullaufbahn bekam ich allerdings einige Probleme. Damals wurde es als Adoleszenzkrise bezeichnet, jedoch hat diese Krise mich schlussendlich nicht davon abhalten können, mein Abitur zu machen. Nach der Schule war Studieren angesagt. Während des Studiums kam dann zum Tragen, dass ich viele Dinge einfach nie gelernt hatte. Ich war damit überfordert, mein Studium und mich zu organisieren und ich erlebte wiederholt innerer Zustände, die ich nicht regulieren konnte.

Das löste bei mir immer wieder Krisen aus, die mich auch mehrmals in psychiatrische Kliniken führten. Dort wurde ich mit allerhand bunter Pillen behandelt und mit einer Menge Diagnosen versehen. Leider haben die Pillen kein bisschen geholfen, ganz im Gegenteil. Einige Nachwirkungen von dem Gift, was mir damals verabreicht wurde, begleiten mich bis heute. Auch die Diagnosen waren wenig hilfreich. Es ist für junge Menschen, die gerade ins Leben starten, einfach nicht so gut, wenn man ihnen das Gefühl vermittelt, sie seien krank und kaputt, obwohl sie in Wirklichkeit einfach nur anders sind.

Nachdem meine bisherigen Studienbemühungen gescheitert waren, wollte ich 2007 einen weiteren Versuch an einer Fachhochschule unternehmen. Informatik erschien mir ein gutes Fach für mich und von der kleineren Fakultät versprach ich mir bessere Chancen. Aber auch hier bekam ich wieder Probleme. Es ist mir schlicht nicht gelungen, während der Vorlesungen wach zu bleiben. Früher oder später erlebte ich eine so massive Müdigkeit, dass ich mich dagegen nicht wehren konnte. In der Retrospektive ist mir klar, dass die Vorlesungen, die jeweils in einem großen Vorlesungsraum mit mehreren hundert Studenten stattfanden, mich in den Overload gebracht haben und ich nach ein paar Stunden Overload ohne Rückzugsmöglichkeit so erschöpft war, dass ich einschlief. Damals wusste ich aber nicht, was mit mir passierte. Auch die vielen Diagnosen, die ich erhalten hatte, brachten mir keine Antworten. Die Pillen, die ich damals noch genommen habe, waren ebenso nutzlos und gingen mit sehr starken Nebenwirkungen einher.

Ungefähr 2009 habe ich dann einfach alle Diagnosen, die ich zuvor erhalten hatte, gleichzeitig bei Google eingegeben. Dort fand ich einen Artikel darüber, dass diese Diagnosen die häufigsten Fehldiagnosen sind, die Autisten erhalten. Ich begann über das Thema Autismus zu lesen und war fasziniert. Eine der Diagnosen, die ich bisher erhalten hatte, war eine rezidivierende Depression. Diese Diagnose war auch definitiv richtig. Mit Depressionen hatte und habe ich regelmäßig zu tun. Wenn ich Erfahrungsberichte von anderen depressiven Menschen gelesen habe, dann habe ich mich darin ein Stück weit wiedererkennen können. Aber es fehlte immer irgendetwas. Bei den Erfahrungsberichten von anderen Autistinnen war das anders, dort konnte ich mich komplett wiederfinden. Ich beschloss eine Selbsthilfegruppe zum Thema Autismus aufzusuchen und als ich dort Platz nahm, stellte ich fest, dass ich das erste Mal in meinem Leben in einem Raum mit Menschen saß, die alle so waren wie ich.

Die Gruppe habe ich eine ganze Zeit lang besucht, außerdem begann ich, mich intensiv mit dem Thema Autismus zu beschäftigen, was 2012 darin münden sollte, dass ich meinen ersten Vortrag vor Fachpublikum gehalten habe. Eines fiel mir recht schnell auf. Die Fachliteratur zu Autismus ist sehr geprägt von Phänomenen und Anekdoten. Ein Autismusmodell, was den verschiedenartigen Menschen, die ich in der Selbsthilfegruppe kennengelernt hatte, gerecht werden könnte, ist mir jedoch nicht untergekommen. Es passten immer eine Menge Dinge und dann gab es Aspekte, die überhaupt nicht passten. Ich begann deshalb, mir ein eigenes Modell von Autismus zusammen zu bauen.

Während meines Informatikstudiums war Rechnerarchitektur eines der Themen, die mir begegneten. Mit Computern haben wir uns im Prinzip eine Art Gegenstück zu unseren Gehirnen gebaut. Sowohl Computer als auch wir bestehen im Wesentlichen aus zwei Komponenten: Hardware und Software. In Bezug auf Menschen steht Hardware synonym für den Körper und Software für den Geist. Der Prozessor und der temporäre Speicher bestimmen die potentielle Leistung des Rechners. Die Software ermöglicht dann die tatsächliche Leistung. Dabei gibt es eine Wechselwirkung zwischen Rechenkraft und Software. Je schneller der Rechner rechnen kann, desto komplexere Software kann auf ihm ausgeführt werden. Bei Autismus erschien es mir ganz ähnlich zu sein. Die Hardware, also das Nervensystem bei Autisten, ist aufnahmefähiger. Es werden mehr Details aufgenommen und dieses Mehr an Daten erfordert einen leistungsfähigen Prozessor (das Gehirn), der das alles verarbeiten kann. Ein solcher Prozessor ist dann aber auch sehr schwerfällig. Wenn ein bestimmter Datensatz gerade im Fokus steht, dauert es eine Weile, bis ein anderer Datensatz geladen ist. Das passt ganz gut dazu, dass Autisten in partikulären Bereichen Höchstleistungen erbringen können und sich sehr lange konzentrieren können, während sie mit vielen alltäglichen Dingen, die ein schnelles Wechseln zwischen verschiedenen Tätigkeiten erfordern, überfordert sind. Natürlich hatte ich nicht das Budget, um meine Überlegungen mit empirischer Forschung belegen zu können. Umso erfreuter war ich daher, als ich auf die Intense World Theory von Henry Markram stieß.

Im folgenden Kapitel möchte ich ihnen die Intense World Theory und das daraus resultierende Autismusmodell, das die Grundlage für den Rest des Buches darstellt, vorstellen.

2

Über Autismus

2.1 Ein paar Worte über Autismus

Das Wort Autismus in dem Sinne, wie wir es heute verwenden, taucht 1908 in Zusammenhang mit dem Thema Schizophrenie das erste Mal auf. Theodor Heller, Leiter der Erziehungsanstalt für geistig abnorme und nervöse Kinder in Wien, führte den Begriff ein, um Kinder zu beschreiben, die in jungem Alter die Fähigkeit zu sprechen, aber auch andere bereits erworbene Fertigkeiten wieder verloren. Alternative Namen waren »dementia infantilis« oder »Heller'sche Demenz«. Schon in seinem Ursprung ist der Begriff Autismus also sehr negativ geprägt.

30 Jahre später hielt der ebenfalls in Wien wirkende Hans Asperger einen Vortrag, in dem er mittels eines Fallbeispiels sein Modell des »autistischen Psychopathen« vorstellte. Hierzu sei erwähnt, dass das Wort Psychopathie in der damaligen Verwendung eher mit dem heutzutage verwendeten Begriff Persönlichkeitsstörung zu vergleichen ist. In seiner 1944 erschienen Habilitation listet er unter anderem folgende Merkmale:

- ein Mangel an Empathie
- Schwierigkeiten bei Blickkontakt, Gestik, Mimik und Sprachgebrauch sowie motorische Störungen
- intensive Beschäftigung mit einem Interessensgebiet
- Schwierigkeiten, Freunde zu finden

Dabei erkennt er aber auch autistische Stärken, seine Patientinnen bezeichnete er als »kleine Professorinnen«, weil sie über ihr Spezialinteresse ausdauernd referieren und oftmals einen ungewöhnlich großen Wissensschatz vorweisen konnten. Leider fand seine Arbeit damals wenig Beachtung und wurde erst in den 1990ern wieder entdeckt. Stattdessen sollte Leo Kanner das Bild von Autismus wesentlich prägen. 1943 veröffentlicht er eine wissenschaftliche Arbeit, in der er elf Kinder beschreibt, die hochintelligent waren, aber ein ausgeprägtes Bedürfnis hatten, allein zu sein sowie ein obsessives Beharren auf Gleichheit und Beständigkeit zeigten. Später wird er diese Kondition als frühkindlichen Autismus bezeichnen. Unter anderem geht auf ihn der Mythos der »Kühlschrankmütter« zurück. Dahinter steckte die Vermutung, dass emotional kalte Mütter den Autismus ihrer Kinder verursachen.

2.1.1 Boulevard und Sensationalismus

Mit diesem Modell ist Leo Kanner der perfekte Prototyp für das, was ich als das »boulevardeske Bild« von Autismus bezeichnen würde. Es zeichnet sich aus durch:

- eine oberflächliche Auseinandersetzung mit Symptomen ohne ein tieferes Verständnis für die Ursachen
- in der Regel eine reine Fokussierung auf vermeintliche Defizite
- verschwörungstheoretisch anmutende Begleittheorien (siehe die Kühlschrankmüttertheorie)
- Therapieansätze, die autistischen Menschen oder ihren Angehörigen schaden, weil sie beispielsweise vermeintlich »richtiges« Verhalten konditionieren wollen.
- ein Narrativ, in dem Autismus eine große Katastrophe ist, die ganze Familien zerstören kann

Hierzu ist es notwendig, die Situation rund um Autismus etwas zu beleuchten. Autismus galt einst als sehr selten. Um eine Übersicht zu geben, verwende ich Zahlen aus den USA, weil die Prävalenz von Autismus dort seit geraumer Zeit erforscht wird. In den USA ging man in den 1980ern des letzten Jahrhunderts von einer Prävalenz von 4 in 10.000 aus (Autism Science Foundation, 2021). Anfang der 1990er ging man von 1 in 2500 Kindern aus, gegen Ende der 1990er wurde die Prävalenz mit 1 in 1000 bemessen. Das amerikanische Center for Disease Control (2018) benennt für das Jahr 2000 eine Prävalenz von weniger als 1 in 150 Kindern, sprich von weniger als 1% der Bevölkerung. Im Jahre 2016 ist die Prävalenz bereits mit 1 in 54 angegeben, was fast 2% entspricht.

In den 1940ern hingegen war der Begriff Autismus noch kaum bekannt und es gab keine autismusspezifischen Unterstützungsangebote. Mit den Erklärungsansätzen, die Leo Kanner lieferte, stand er allein auf weiter Flur, was seinen Theorien eine Prominenz und Reichweite verlieh, die sie inhaltlich niemals verdient hatten. Insbesondere die pauschale Schuldzuweisung an Mütter muss man aus heutiger Sicht als zutiefst sexistisch bezeichnen. Eltern von autistischen Kindern, die nicht wissen, was mit ihrem Kind los ist, können sehr verzweifelt sein. Aus der elterlichen Perspektive ist jedes Erklärungsmodell besser als keines. Das Spiel mit den Ängsten verzweifelter Eltern, ob bewusst oder unbewusst, ist ein sehr zentraler Aspekt des boulevardesken Bildes von Autismus. Eltern autistischer Kinder sind immer wieder ein beliebtes Ziel für Menschen, die etwas zu verkaufen haben:

- entweder sich selbst beziehungsweise ihre Ideen
- irgendeine Art von Schlangenöl, zum Beispiel MMS[1] (Miracle Mineral Supplement)
- aufwendige und kostenintensive Pseudotherapien

2.1.2 Die Wiederentdeckung Hans Aspergers

Für die nächsten 40 Jahre sollten vor allem Männer vom Typ Kanner das Bild von Autismus bestimmen, bis Lorna Gladys Wing 1981 mit ihrer wissenschaftlichen Arbeit »Asperger Syndrome: a Clinical Account« die in

---

1 MMS ist eine chlordioxid-haltige Lösung, erfunden von Jim Humble, die u. a. als Heilung für Autismus angepriesen wurde. Ein interessanter Artikel dazu: Verbraucherzentrale, »Miracle Mineral Supplement (MMS): Erhebliche Gesundheitsgefahr«, Zugriff am 06.10.2021 unter: https://www.verbraucherzentrale.de/wissen/lebensmittel/nahrungsergaenzungsmittel/miracle-mineral-supplement-mms-erhebliche-gesundheitsgefahr-11044

Vergessenheit geratene Arbeit von Hans Asperger wieder in den Fokus der Wissenschaft rückte. Seit den 1990ern gibt es eine langsame aber an Geschwindigkeit zunehmende Entwicklung, auch die Stärken von autistischen Menschen zu benennen und wertzuschätzen. Diese Entwicklung kulminiert dann in den Nerdhype der letzten Jahre[2]. Ein wunderschönes Beispiel hierfür ist der Film »The Imitation Game« über Alan Turing, den Erfinder des modernen Computers, der außerdem auch Autist war. Mit dem Nerd wird eine gewisse intellektuelle Exzellenz verknüpft. Auch in Serien tauchen mittlerweile regelmäßig autistische Charaktere auf, zum Beispiel Julia in der Sesamstraße, denen zwar auch eine gewisse Unbeholfenheit zugeschrieben wird, die aber fast immer auch spezielle Talente mitbringen oder ihre herausragenden intellektuellen Fähigkeiten einbringen können.

2.1.3 Moderne Forschung

Autismus hat seinen Platz im öffentlichen Diskurs gefunden. Es gibt heutzutage eine Vielfalt an Forschung zu dem Thema, sodass nicht mehr Einzelpersonen die Deutungshoheit über Autismus haben. Die Forschung ist auch beträchtlich vorangekommen. Es gibt zum Beispiel den Autismus Quotienten Test nach Simon Baron-Cohen. Dieser Test ist nicht als Diagnosetool gedacht, sondern dient lediglich dazu, eine Vorhersage darüber zu treffen, ob eine Person eine Autismusdiagnose erhalten würde. Für den hochfunktionalen männlichen Teil des Autismusspektrums funktioniert dieser Test ziemlich gut. Allerdings basiert dieser Test vor allem auf Phänomenen, die mit Autismus in Verbindung gebracht werden. Baron-Cohens Theorie erklärt Autismus als eine extreme Form des männlichen Gehirns. Dabei geht er davon aus, dass man Menschen grundsätzlich unterteilen kann in empathisch und systematisierend begabt, wobei er ersteres mit Frauen in Verbindung bringt und letzteres mit Männern.

Die Kritik an den gewählten Begrifflichkeiten überlasse ich gerne anderen. Aus eigener Erfahrung aus dem Bekanntenkreis weiß ich, dass die Situation für autistische Frauen, die Hilfe, Unterstützung oder Therapie benötigen, noch einmal deutlich schwieriger ist als für autistische Männer und die These, dass Autismus vor allem Männer betrifft oder etwas mit Mann sein zu tun hat, wesentlich dazu beigetragen hat. Baron-Cohens

---

2 siehe zum Beispiel: »Die neuen Nerds – Gefeierte Fachidioten«, Zugriff am 13.10. 2021 unter: https://www.spiegel.de/lebenundlernen/schule/die-neuen-nerds-gefeierte-fachidioten-a-746949.html

Theorie geht des Weiteren davon aus, dass autistische Menschen keine Theory of Mind haben. Als Theory of Mind bezeichnet man die Kapazität einer Person, andere Menschen zu verstehen, in denen man ihnen mentale Zustände zuschreibt. Simon Baron-Cohen ist damit natürlich wesentlich fortschrittlicher als Leo Kanner unterwegs. Was aber als Konstante vorhanden bleibt: Autistischen Personen wird eine zentrale menschliche Eigenschaft abgesprochen und darüber werden sie definiert. Davon abgesehen funktioniert sein Modell auch nur für Teile der autistischen Bevölkerung.

2.1.4 Der alte Fehler

Aus meiner eigenen Perspektive und aus der Erfahrung mit anderen autistischen Personen komme ich eher zu einem ganz anderen Eindruck, nämlich das autistische Menschen dazu neigen, in Eins-zu-eins-Situationen hochempathisch zu sein. Mir kann es passieren, dass ich die Gefühle von anderen so intensiv nachempfinde, dass ich diese Gefühle dann selbst verarbeiten muss, als wären es meine eigenen – ein Phänomen, von dem mir auch viele andere autistische Bekannte berichteten. Das Problem in Gruppen ist auch eher, dass die Antenne für Empathie mit zu vielen Signalen gefüttert wird, heiß läuft und dann nicht mehr funktioniert. Manche von uns verhalten sich auch ganz bewusst abweisend gegenüber Neurotypikerinnen, um sich dieses Gefühlschaos vom Leib zu halten.

Jedenfalls kann ich den Ergebnissen von Sascha Baron-Cohen einen gewissen Wert zugestehen, insbesondere der Autismus-Quotient hat sich in der Praxis als hilfreich erwiesen. Zugleich empfinde ich seine Theorie im Kern als eine neurotypisch-zentristische Sicht. Die Neurotypikerinnen sehen sich als die Norm, als das richtige und gute, und alles was von dieser Norm abweicht, wird grundsätzlich als gestört oder minderwertig betrachtet. Und auch wenn es in den letzten 80 Jahren in der Forschung gewisse Fortschritte gegeben hat, sind diese längst noch nicht in der Breite der Gesellschaft angekommen und insbesondere in den schwerfälligen bürokratischen Institutionen, die dem Schulsystem zuarbeiten, ist das Bild von Autismus nach wie vor äußerst negativ geprägt.

Vor Ort an der Schule kann eine anfängliche Offenheit gegenüber den neuen autistischen Schülerinnen schnell in ein »das ist zu viel, die gehören hier nicht hin!« umschlagen, wenn es erst einmal zu herausforderndem Verhalten gekommen ist. Denn der lange Schatten des boulevardesken Bildes von Autismus trifft oftmals auf eine tiefer verankerte Behindertenfeindlichkeit. Behinderte werden gerne geduldet, wenn sie nicht zu viel

Arbeit machen und man die eigenen Abläufe nicht ändern oder gar hinterfragen muss. Aus der Praxis kenne ich es aber so, dass es oftmals schon zu viel verlangt ist, dass entweder seitens der Autismustherapie oder seitens der Schulbegleitung eine ein- bis zweistündige Einführung in Autismus für die Lehrkräfte veranstaltet wird, weil diese sich schlicht verweigern.

Dabei wird vor allem immer wieder derselbe Fehler gemacht: Statt mit dem Autismus zu arbeiten, wird gegen ihn gearbeitet. Anstatt zum Beispiel autistischen Schulkindern Freiräume zuzugestehen, werden sie mit der Erwartungshaltung konfrontiert, so zu funktionieren wie neurotypische Schulkinder. Dabei ist es ganz einfach: Je stärker eine autistische Person dazu gezwungen wird, ihren Autismus zu unterdrücken, desto schlechter geht es ihr dabei. Je schlechter es der Person geht, desto krasseres herausforderndes Verhalten wird sie zeigen oder desto mehr wird sie sich in sich selbst zurückziehen und verstummen.

2.1.5 Ein neues Verständnis

Neben dem Problem, dass herkömmliche Autismusmodelle sich auf Schwächen fokussieren und die Stärken unterschlagen, sind sie in der Regel furchtbar oberflächlich. So wird zum Beispiel im DSM IV noch das »nicht in die Augen schauen können« als Diagnosemerkmal geführt. Die Ursachen dafür spielen jedoch keine Rolle. Wie oft habe ich schon von anderen Autistinnen gehört, dass ein Diagnostikverfahren an einer eigentlich renommierten Uniklinik abgebrochen wurde, weil die Person in der Lage war, ihrem gegenüber in die Augen zu schauen oder zumindest Augenkontakt zu simulieren. Dafür gibt es einige Tricks, wie beispielsweise auf die Nase schauen. Den Unterschied bemerken viele Neurotypiker gar nicht.

Dies ist aber nur ein Beispiel für das grundsätzliche Problem, dass die meisten Autismusmodelle haben, die die Folgen mit den Ursachen verwechseln. »Nicht in die Augen schauen« ist eine Reaktion auf Stress, Druck und Überforderung. Der zentrale Aspekt ist aber eben jene Überforderung. Viele der in den einschlägigen Büchern aufgeführten Modelle behandeln diese reaktiven Verhaltensweisen als den Autismus selbst. Das wird der Komplexität von Autismus aber nicht im Geringsten gerecht. Es geht soweit, dass manche Therapieansätze versuchen, die als autistisch definierten Verhaltensweisen zu löschen. Was man dann erhält, ist nicht ein von Autismus geheilter Mensch, sondern ein zutiefst traumatisierter und völlig zerstörter Mensch. Opfer von solchen Therapien sind oft noch Jahre später als Erwachsene nicht in der Lage, einen eigenen Willen zu formulieren. Es ist an der Zeit, die defizitorientierten Modelle auszusortieren. Und es ist dringend notwendig, uns autistischen Menschen unsere Menschlichkeit in vollem Umfang zuzugestehen. Wir sind nicht defekt. Wir sind einfach nur anders. Die Zeit ist gekommen für ein neues Verständnis von Autismus.

2.2 Die Intense World Theory

2.2.1 Herkömmliche Autismusmodelle

Althergebrachte Autismusmodelle funktionieren nach einem der zwei folgenden Prinzipien.

Monokausal

Es wird eine zentrale Fähigkeit definiert, die autistischen Menschen angeblich fehlt, zum Beispiel: »Autisten haben keine Empathie.« Oder: »Autisten fehlt die Theory of Mind.« Dabei wird gerne außer Acht gelassen, dass viele Dinge, die neurotypische Kinder können, erworbene Fähigkeiten sind. Würden neurotypische Kinder diese Fähigkeiten nicht vermittelt bekommen, dann könnte man sie ganz ähnlich defizitär beschreiben. Autistische Kinder haben oftmals keine autistischen Erwachsenen in ihrer Umgebung. Auch wenn ihre Eltern autistisch sein oder zumindest autistische Züge haben mögen, so mussten diese ihren Autismus in der Regel verstecken oder maskieren, um zu überleben. Das führt dazu, dass der Autismus der Eltern so sehr verschüttet ist, dass sie nicht als autistische Vorbilder fungieren können.

Und dann gibt es auch noch das Phänomen, dass Eltern, die autistische Züge haben, diese aber verbergen mussten, ganz besonders rigoros darin sind, ihren eigenen Kindern autistische Verhaltensweisen zu verbieten oder auszutreiben. Das liegt daran, dass sie sich unterbewusst daran erinnern, dass diese Verhaltensweisen ihnen in ihrer Kindheit und Jugend einen Haufen Probleme bereitet haben und sie nicht möchten, dass ihre Kinder die gleichen Schwierigkeiten bekommen. Das Ergebnis ist aber dasselbe: Autistischen Kindern fehlen autistische Vorbilder, von denen sie lernen können.

Multikausal

Der Autismus wird über verschiedene Phänomene definiert, wie zum Beispiel: Autisten können nicht in die Augen schauen. Oder: Autisten können Gesichtsausdrücke anderer Menschen nicht verstehen. Um als Autist zu gelten, müssen x von y Phänomenen vorliegen.

Beide Typen haben dasselbe Problem: Sie halten etwas für Merkmale, das eigentlich Zwischenstände von Entwicklungen darstellt. Es ist autistischen Menschen nicht grundsätzlich verwehrt, Gesichtsausdrücke anderer Personen zu verstehen. Allerdings ist es so, dass viele autistische Menschen deutlich älter werden müssen, um Fähigkeit des sozialen Miteinanders zu beherrschen. Andere werden das nur mit Hilfsmitteln erlernen können, zum Beispiel in dem sie ein Büchlein oder eine App mit Gesichtsausdrücken bei sich führen. Derartige Hilfsmittel sind dabei kein Ausdruck von geistiger Minderbemittlung, genauso wenig wie ein Hörgerät, eine Brille oder ein Wörterbuch ein Zeichen für eine geistige Behinderung sind.

Zusammenfassend lässt sich sagen, dass hier Dinge, die sich als Konsequenz aus dem Autismus ergeben, mit dem eigentlichen Autismus verwechselt werden. Diese Modelle fokussieren sich dabei in der Regel auf Kinder beziehungsweise auf bestimmte Entwicklungsstufen und sind nicht in der Lage, einem ganzen Leben mit Autismus gerecht zu werden.

2.2.2 Ein neues Modell

Die Intense World Theory (Markram & Markram, 2010; Groß, 2020) bricht mit dieser Tradition. Anstatt Autismus als geistige Behinderung oder psychische Störung zu definieren, versteht sie Autismus als eine andere Art zu sein, die körperliche Ursachen hat. Es wird nicht einfach eine Auswahl von vermeintlichen Defiziten präsentiert. Stattdessen werden sowohl Stärken als auch Schwächen benannt. Merkmale werden aber auch einfach neutral dargestellt, ohne sich eine Bewertung anzumaßen. Abweichende Verhaltensweisen werden nicht als krankhaft verurteilt, sondern richtigerweise als Strategien erkannt, die dazu dienen, um in einer Welt, die von Neurotypikern geprägt und dominiert wird, zurechtzukommen.

Die Intense World Theory geht zurück auf Henry und Kamila Markram. Henry Markram ist ein israelischer Neurowissenschaftler, der in Südafrika geboren ist. Kamila Markram ist seine zweite Frau. Henry Markram hat aus seiner ersten Ehe einen Sohn namens Kai, der Autist ist.

Markram leitete lange Zeit das 2005 ins Leben gerufene Blue Brain Project[3] der EU. Ziel dieses Projektes war es, mit Hilfe von Computern eine möglichst originalgetreue Simulation des menschlichen Gehirns zu erschaffen, um an diesem Modell forschen zu können. Im Jahre 2015 musste Markram das Projekt verlassen, ihm wurden Überheblichkeit und unrealistische Ambitionen vorgeworfen. Wenn man hier ein bisschen zwischen den Zeilen liest und sich daran erinnert, dass Autismus ja vererbbar ist, dann könnte man zu dem Eindruck gelangen, dass Henry Markram möglicherweise selbst zumindest einige autistische Züge mit sich bringt. Wer sich für die Person Markrams und eine leicht lesbare Annäherung an das Thema Intense World Theory interessiert, dem sei das Buch »Der Junge, der zu viel fühlte« von Lorenz Wagner (2018) ans Herz gelegt.

2.2.3 Körperliche Ursachen

Vereinfacht ausgedrückt geht die Theorie von einer körperlichen Ursache für Autismus aus: überaktiven Nervenschaltungen in der Amygdala. Die Amygdala spielt im Gehirn eine sehr wichtige Rolle bei der Reiz- und Impulsverarbeitung. Bei autistischen Menschen funktioniert sie so, dass sie sämtliche Reize und Impulse verstärkt. Autistische Menschen nehmen die Welt (alle Reize von außen), aber auch ihre eigenen Gefühle (Impulse aus dem Inneren) verstärkt war. Die überaktive Amygdala ist etwas, das pathologisch (also feststellbar im medizinischen Sinne) ist. Neurologisch gesehen ergibt sich aus ihrer Hyperaktivität insgesamt eine Hyperreaktivität und Hyperplastizität des Gehirns. Daraus resultiert:

- Hyperwahrnehmung
- Hyperaufmerksamkeit
- Hypergedächtnis
- Hyperemotionalität

H. P. Baxxter hätte an dieser Theorie sicherlich auch seine Freude. Unter autistischen Menschen ist diese Theorie aber insbesondere wegen ihrer zweiten Hauptthese beliebt: Die bisher zum Kern von Autismus verklärten Einzelsymptome, wie zum Beispiel »Schaut nicht in die Augen«, begreift sie als Verhaltensweisen, die dazu dienen, die Intensität der Eindrücke, die

---

3 Epfl.ch – »People«, Zugriff am 24.11.2021 unter: https://www.epfl.ch/research/domains/bluebrain/blue-brain/people/

ständig auf das autistische Gehirn einprasseln, zu vermindern. Somit muss sich also auch kein Autist schlecht fühlen, weil er schon immer in der Lage war, Augenkontakt zu halten oder diese Fertigkeit irgendwann erworben hat. Ein Autist hört jedenfalls nicht auf Autist zu sein, weil er dazu lernt.

Letzten Endes hat aber auch der Phänomen-basierte Ansatz seine Daseinsberechtigung. Mit der obigen Erläuterung der Intense World Theory kann man sich vielleicht jetzt einigermaßen vorstellen, wie das innere Erleben von autistischen Menschen vom Rest abweicht. Das bereitet einen aber nicht auf das Spektrum von Verhaltensweisen vor, die autistische Menschen zuweilen so an den Tag legen. Außerdem mag der Zusammenhang zwischen Verhalten und Überforderung auch nicht immer offensichtlich sein. Daher werden sich die nächsten Unterkapitel den Besonderheiten von autistischen Menschen im schulrelevanten Altersspektrum widmen. Zuvor möchte ich aber noch ein wenig auf die Blickwinkel auf und die Diskussion um die Intense World Theory eingehen.

2.2.4 Rezeption der Intense World Theory

Der Hauptkritikpunkt an der Intense World Theory ist, dass sie nicht ausreichend auserforscht ist. Anna Remington und Uta Frith, beides Forscherinnen aus London, veröffentlichen im Jahre 2014 einen Meinungsartikel im Spectrum Magazin. Dort wird den Markrams vorgeworfen, dass sie für autistische Kleinkinder ein strukturiertes Umfeld fordern und vor zu vielen Reizen warnen. Sie formulieren die Sorge, dass eine zu reizarme Umgebung Kinder in ihrer Entwicklung einschränken könnte. Jedoch ist es so, dass im TEACCH Ansatz ganz genau so gearbeitet wird und eigentlich mit ganz guten Erfolgen.

Unter autistischen Menschen hingegen ist die Intense World Theory ziemlich beliebt, weil sie sich darin wiederfinden können. An dieser Stelle möchte ich einmal aus meiner eigenen der Betroffenenperspektive sprechen. Mir ist es seit Langem ein Dorn im Auge, dass neurotypische Personen sich anmaßen, der Richter darüber zu sein, wer sich als Autist bezeichnen darf und wer nicht. Das betrifft zum Beispiel Diagnostikstellen, die zum Beispiel oft an Instituten angesiedelt sind, die selbst Autismusforschung betreiben. Dort erhalten dann nur diejenigen eine Diagnose, die in die eigene Forschung beziehungsweise in das eigene Modell passen. Die Diagnostikverfahren sind in der Regel ausschließlich auf Defizite ausgelegt.

Ich möchte von folgendem Beispiel berichten. Während eines Diagnostikverfahrens, das ich durchlief, führte ich ein Gespräch mit zwei Psychologinnen. Plötzlich platzte ein Mediziner in das Gespräch, unterbrach uns, und stellte mir ein paar Fragen. Ich empfand das Verhalten dieses Mediziners als ziemlich unprofessionell. Wieso konnte er nicht warten, bis er an der Reihe war? Ich beantwortete ihm dennoch seine Fragen. Innerlich war ich leicht irritiert, äußerlich habe ich mir davon nichts anmerken lassen. Die Diagnose habe ich in diesem Verfahren nicht erhalten. Im Nachhinein wurde mir aber erklärt, dass einer der Gründe, warum man mir die Diagnose nicht zusprechen wollte, eben diese Situation war.

Dass dieser Arzt in das Gespräch herein geplatzt war, war mit voller Absicht geschehen. Die erwartete Reaktion war, dass ich nicht in der Lage sein würde, diese Unterbrechung zu kompensieren. Das war ich aber. Ich bin mit guten kognitiven Fähigkeiten ausgestattet worden. Diese haben mich in die Lage versetzt, für viele Situationen Strategien zu entwickeln, mit denen ich herausfordernde Situationen meistern kann, insbesondere an einem guten Tag. Diese Strategien anzuwenden kostet mich aber eine Menge Kraft. Und genau da liegt der Fehler dieses Diagnostikteams. Es wird ein gewisser Entwicklungsstand überprüft. Ein gut entwickelter autistischer Mensch, der über diesen Entwicklungsstand hinausgewachsen ist, wird von dieser Diagnostik nicht erfasst, weil er nach außen hin ein gewisses Verhalten performen kann. Wie viel Anstrengung es allerdings kostet, dieses Verhalten zu performen und was es am Ende des Tages an Erschöpfung auslösen kann, dass wird übersehen. Die äußerlichen Symptome werden gesucht, aber das eigentliche innere andere Funktionieren wird nicht gesehen beziehungsweise verstanden. Das »in das Gespräch hereinplatzen« kann man auf eine Stufe stellen damit, einen Menschen, der im Rollstuhl sitzt, von hinten aus seinem Rollstuhl zu stoßen, um sicherzugehen, dass er auch wirklich nicht aus eigener Kraft laufen kann. Dabei hätte man den Rollstuhlfahrer auch einfach fragen können. Leider werden die ganzen Doktoren und Professoren, die uns untersuchen und erforschen, in ihren Studiengängen nicht in Empathie ausgebildet. Dennoch denken sie, sie dürften uns absprechen, dass wir überhaupt Empathie besitzen. Finden Sie den Fehler.

Ein Muster, was ich in der Wissenschaft immer wieder beobachtet habe, ist, dass die Forschenden es überhaupt nicht gerne mögen, wenn die zu beforschenden Subjekte es wagen, eine eigene Meinung zu haben und diese auch noch zu äußern. Das sehr viele autistische Menschen sich aber in dieser Theorie wiederfinden, sollte in der Forschung eine Rolle spielen. Autismus ist keine Sache, die man nur von außen beobachten kann, wie zum Beispiel ein schwarzes Loch. Es gibt genug autistische Erwachsene, mit denen man sprechen könnte. Derselbe Forschungsbetrieb hingegen adelt ein System wie ABA (Applied Behaviour Analysis), das auf Ivar Lovaas zurückgeht, der 1974 in einem Interview Folgendes von sich gab:

»Man sieht sich im physischen Sinne einer Person gegenüber, mit Haaren, Nase, Mund, aber psychologisch betrachtet sind sie das nicht. Ein Blickwinkel auf die Arbeit mit autistischen Kindern ist der Versuch, eine Person zu konstruieren. Man hat das Rohmaterial, aber ich muss diese Person bauen.«(Chance, 1974, S. 76; Übersetzung des Autors)

Als Autisten sind wir im Wissenschaftsbetrieb oftmals lediglich (Forschungs-)Objekte, wie das Zitat von Ivar Lovaas sehr deutlich unterstreicht. Diese Objektifizierung, dieses »Othering« ist ein ganz wesentliches Hindernis, wenn man auf dem Weg ist eine eigenständige Person zu werden. So wie die Lehrmeinung, dass heterosexuelle Menschen bestimmen, dass Homosexualität eine Krankheit sei und außerdem zuweisen, wer als homosexuell zu gelten habe, sich überlebt hat, so hoffe ich, dass dieses Schicksal auch die Idee ereilt, dass Autismus eine Störung sei und dass nicht autistische Menschen darüber bestimmen, wer Autist sein darf.

2.3 Unterschiedliche sensorische Erfahrungen

Es klingt trivial. Person A macht andere sensorische Erfahrungen als Person B. Es ist aber nicht trivial. Als ich ein Kind war, da gab es noch sogenannte Röhrenfernseher. Die hießen so, weil das Bild von einer Bildröhre erzeugt wurde. Wenn eine solche Bildröhre alt wurde, dann kam es oft dazu, dass sie zu oszillieren begann. Das hat sich als ein sehr hohes Fiepen bemerkbar gemacht, was über der Grenze des durchschnittlichen Hörspektrums liegt. Als hochsensibles Kind mit Kindergehör (das Gehör funktioniert im Alter immer schlechter) konnte ich die Oszillation der Bildröhre hören. Die Erwachsenen aber konnten sie nicht hören. Als ich als Kind geäußert habe, dass ich den auf stumm geschalteten Fernseher Piepsen hören kann, da wurde mir nicht geglaubt.

Die Erfahrung, dass die eigenen Sinneswahrnehmungen und sensorischen Erfahrungen von anderen Menschen nicht ernst genommen oder nicht nachvollzogen werden können, kann eklatante Folgen haben, zum Beispiel:

- dass der eigenen Sinneswahrnehmung nicht vertraut wird
- eine Abkehr von einer Welt, die einen nicht versteht, zum Beispiel bis hin zu selbst gewähltem Mutismus
- Gottmodus: Ich sehe etwas, die anderen können es nicht sehen. Ich weiß, es ist da, aber die anderen verneinen es. Ich muss eine höhere Form des Seins sein, die ihnen überlegen ist.
- ein zutiefst gestörtes Selbstwertgefühl
- die Unfähigkeit, die eigenen Erfahrungen mit anderen Menschen zu teilen und zu reflektieren

Aber auch im ganz normalen Alltag kann eine abweichende Wahrnehmung eine signifikante Wirkung entfalten, insbesondere in der Kommunikation. Wenn zwei Personen sich über denselben Sachverhalt unterhalten, aber diesen unterschiedlich wahrnehmen und daher auch unterschiedlich beurteilen, kann dies zu großen Verwerfungen in der Kommunikation führen. Im Speziellen dann, wenn beide Gesprächspartnerinnen sich der Tatsache nicht bewusst sind, dass diese unterschiedliche Wahrnehmung vorliegt. Daher ist es wichtig, diese Dinge im Hinterkopf zu behalten. Kommt es zu einem Missverständnis, das sich erst einmal nicht auflösen lässt, so kann es zum Beispiel daran liegen, dass bereits ganz am Anfang in der Kette, nämlich da, wo der Sachverhalt wahrgenommen wird, eine Differenz vorliegt.

Die autistische Perspektive ist aber nicht falsch, sie ist schlicht anders, weshalb es wichtig ist, sie zunächst einmal mit Respekt zu behandeln, um dann zu versuchen, einen Ausgleich zwischen den verschiedenen Perspektiven zu schaffen. Viele autistische Menschen sind es gewohnt, dass ihnen mit Ungläubigkeit oder mit dem Infrage stellen beziehungsweise Abwerten ihrer Perspektive begegnet wird. Wenn Ihre Klientin ihnen Dinge erzählt, die sie erst einmal überhaupt nicht nachvollziehen können, reagieren sie mit Demut und Interesse. Insbesondere bei schwer zugänglichen Klientinnen kann das ein Schlüssel für den Aufbau einer Vertrauensbasis sein.

2.4 Ein anderes Körpergefühl

Autistische Menschen haben eine andere Beziehung zu ihrem Körper als Neurotypiker. Zunächst einmal fehlt uns sehr oft der Sinn für Eitelkeit. Uns ist es schlicht wichtiger, uns in unserer Haut (inklusive der aufliegenden Kleidungsstücke) wohlzufühlen als anderen zu gefallen. Das speist sich aus verschiedenen Faktoren. Wenn die Welt da draußen laut und überfordernd ist, brauchen wir nicht auch noch zusätzlich Kleidung, die sich herausfordernd anfühlt. Viele von uns können ihre Außenwirkung nicht so gut einschätzen. Es erscheint uns aber auch oft unlogisch, wie Neurotypiker sich kleiden. Schuhe mit Absatz zu tragen, die die Füße schädigen und für Rückenschmerzen sorgen, bloß weil dann der eigene Hintern, den man sowieso niemals zu Gesicht bekommt, besser aussieht? Völlig ausgeschlossen.

Einige von uns nehmen ihren Körper sehr intensiv wahr, andere vermitteln den gegenteiligen Eindruck. Dabei kann es aber auch einfach so sein, dass wir gerade einen bestimmten Aspekt unseres Körpers extrem intensiv wahrnehmen, und dass dieser Reiz alle anderen Reize überlagert. Oder aber es kann sein, dass ein externer Reiz die Wahrnehmung unseres eigenen Körpers übertönt. So ist es für Autisten problemlos möglich, sich auf die Arbeit mit einem Computer so sehr zu fokussieren, dass sie sämtliche körperlichen Bedürfnisse vergessen und zum Beispiel nach 12 Stunden kontinuierlicher Arbeit dehydriert einen körperlichen Zusammenbruch erleiden. Die meisten Neurotypiker wären in der Lage, einen solchen Zusammenbruch vorherzusehen, zum Beispiel durch Kopfschmerzen, eine pochende Schläfe, ein nervöses Zucken der eigenen Augenlider. Bei Autismus hingegen spricht man von einer monotropen Wahrnehmung, und so kann der Fokus auf eine bestimmte Sache so intensiv sein, dass selbst deutliche Warnsirenen des Körpers überhört werden können. Das komplementäre Gegenstück hierzu ist die Fähigkeit, Dinge so intensiv zu erleben, dass sie in Körperlichkeit ausgedrückt werden müssen.

Es gibt bei Autismus eine gewisse Dualität zwischen Körper und Geist. Es ist denkbar, dass ein körperlicher Reiz so intensiv ist, dass wir nicht mehr denken können. Es kann aber auch sein, dass unsere Gedanken so fokussiert sind, dass wir unseren Körper gar nicht mehr spüren. Umgekehrt kann es sein, dass die Gedanken so intensiv sind, dass der ganze Körper davon ergriffen wird.

2.4.1 Stimming

Als Stimming bezeichnet man verschiedenste Varianten von Selbststimulierung, die autistische Personen anwenden, um ihre inneren Zustände zu verarbeiten. Das können zum Beispiel wiederkehrende Bewegungen sein, wie vor und zurück wippen. Stimming ist ein sehr basales Bedürfnis. Es dient dazu, sich selbst Komfort zu verschaffen und beispielsweise überfordernde Situationen erträglicher zu machen. Es kann eine wichtige Rolle dabei spielen, die Konzentrationsfähigkeit aufrecht zu erhalten, z. B. kann es einer kinästhetisch-haptischen Lernerin helfen, einen Igelball oder Handschmeichler zu verwenden, während sie einem gesprochenen Vortrag folgen muss.

Stimming kann sehr vielfältige Formen annehmen, diese können auch selbstzerstörerisch oder fremdschädigend, beziehungsweise gesellschaftlich inakzeptabel sein. Es ist dennoch sehr wichtig, Stimming niemals zu unterdrücken oder zu bestrafen, da es von fundamentaler Wichtigkeit ist. Autisten das Stimming zu verbieten oder durch Traumatisierung dafür zu sorgen, dass sie es sich selbst verbieten, ist hochgradig schädlich und kann die Entwicklung der Persönlichkeit, der Autonomie und eines eigenen Willens verlangsamen oder völlig verhindern. Wenn Stimming auf eine Art und Weise stattfindet, die für die betroffene Person oder das Umfeld toxisch ist, dann ist es unbedingt notwendig, eine Alternative anzubieten und auf die Alternative umzulernen, anstatt einfach nur das nicht gewünschte Verhalten zu verbieten oder zu bestrafen.

2.4.2 Innerliche Zustände mit dem Körper performen

Eine dem Stimming zugehörige Eigenheit von autistischen Menschen ist es, innere Zustände körperlich zu performen. Ein Beispiel dafür wäre, bei großer Freude auf und ab zu springen und in die Hände zu klatschen. Solche Handlungen dienen dazu, ein Ventil für die sehr intensiven Gefühle und Gedanken (sowohl positive als auch negative) zu sein, die Autisten erleben.

2.4.3 Abweichende Nutzung des Körpers

Die Wahrnehmung des eigenen Körpers kann bei autistischen Menschen so anders sein, dass sie ihre Körper auch anders benutzen. Beispiele dafür sind:

- auf den Zehenspitzen laufen, weil sich das einfach richtiger anfühlt als auf dem ganzen Fuß
- immer nur auf einem Fuß stehen oder permanent zwischen den Füßen wechseln

Besondere haptische Bedürfnisse:

- lieber Stehen als auf einem schiefen Stuhl zu sitzen
- immer an derselben Stelle sitzen
- mit den Beinen zittern als Spannungsventil

2.4.4 Komorbiditäten

Autismus geht oftmals einher mit körperlichen Syndromen, wie zum Beispiel das Marfan Syndrom (Patienten_Information.de, 2021) oder das Hashimoto Syndrom (Gesundheitsinformation.de, 2021). Andere Symptomatiken, die regelmäßig begleitend auftreten, sind (Lebensmittel-)Allergien, Stoffwechselstörungen oder -erkrankungen. Des Weiteren sind autistische Menschen anfällig für somatische Stresserscheinungen wie Schuppenflechte oder kreisrunder Haarausfall. Die Zahl von Syndromen, Symptomatiken oder somatischen Störungen ist sehr vielfältig, weshalb es nicht möglich ist, sie alle zu besprechen. Für eine Schulbegleitung sollte im Hinterkopf behalten werden, dass es diese Tendenzen gibt, falls neue Symptome auftauchen.

Dabei gibt es grob zwei Klassen. Zur ersten Klasse zählen Dinge, die Körperfunktionen beeinflussen, zum Beispiel das Hashimoto Syndrom. Es geht einher mit einer chronischen Entzündung der Schilddrüse. Die Schilddrüse wiederum ist zuständig für die Steuerung des Hormonhaushaltes. Ein gestörter Hormonhaushalt kann alle möglichen Folgen haben, zum Beispiel Stimmungsschwankungen. Stimmungsschwankungen sind aber auch ein Bestandteil von Autismus und deshalb ist es hier wichtig, abzuwägen. Wenn sie vom Autismus herrühren, müssen sie eher mit Gesprächen und Verhaltensalternativen bearbeitet werden. Körperlich bedingte Stimmungsschwankungen müssen natürlich ganz anders behandelt werden. Dennoch kann eine solche Behandlung von der Schulbegleitung angeregt werden, wenn die Notwendigkeit dafür während der Schulzeit auffällt.

Zur zweiten Klasse gehören Dinge, die durch starken Stress auftreten, wie zum Beispiel Schuppenflechte. Die Schuppenflechte an sich ist natürlich eine enorme Stressquelle. Schuppen sind nicht schön und können Anlass für Hänseleien sein, ständiges Jucken ist permanenter Stress. Derartige psychosomatische Erkrankungen sind ein deutlicher Hinweis darauf, dass die Person einen zu hohen Dauerstresspegel hat, der ihre Kraftreserven langfristig erschöpft. Wenn es erst einmal dazu gekommen ist, dass eine derartige körperliche Störung wesentlich ausgebrochen ist, dann muss zweigleisig gefahren werden. Die Störung muss behandelt werden, es muss aber auch dringend der Stresspegel gesenkt werden.

2.4.5 Pubertät und Sexualität

Mit der Pubertät verändert sich die soziale Gesetzgebung unter Kindern beziehungsweise Jugendlichen radikal. Diese Prozesse werden aber oft nicht öffentlich gemacht. Gespräche über Sexualität finden in der Regel nur unter Vertrauten statt. Für eine autistische Person, die sozial isoliert ist, bedeutet dieser Umstand, dass sie diese Gespräche höchstwahrscheinlich verpassen wird.

Für die Schulbegleitung hat das zwei Implikationen: Es kann einerseits notwendig sein, sich als Gesprächspartner für das Thema Sexualität beziehungsweise körperliche Veränderungen in der Pubertät anzubieten, weil der Klient sonst niemanden hat, mit dem er diese Dinge besprechen kann. Während der Gesprächsbedarf hier von Person zu Person variiert, wird es aber mit sehr hoher Wahrscheinlichkeit notwendig sein, die neuen Regeln zu erklären. 5-jährige Kinder können zum Beispiel nackt zusammen im Garten spielen, ohne irgendeine Scham in Bezug auf ihre Körper zu empfinden. 10-jährige Kinder werden das schon eher seltener tun. Spätestens im Alter von 14 werden Kinder beziehungsweise Jugendliche auf gar keinen Fall mehr nackt miteinander spielen. Bei neurotypischen Kindern entwickelt sich in dieser Zeit ein Schamgefühl. Dies ist etwas, das entweder aus den Kindern selbst kommt oder durch sozialen Druck weitergetragen wird. Die körperlichen Veränderungen, die die Pubertät mit sich bringt, lösen Fragen aus, wie: »Bin ich ok so wie ich bin?« Diese Entwicklungen können bei autistischen Personen verspätet oder gar nicht stattfinden, weshalb sie dann auch die neuen Regeln verpassen. In der Phase von 11 bis 15 Jahren ist es wichtig, diese Dinge genau im Blick zu haben, um zu verhindern, dass der Klient sexuelle Grenzüberschreitungen begeht, ohne dass er diese selbst versteht.

> **Beispiel**
>
> Fynn ist 13 Jahre alt. In seiner Klassengemeinschaft hat er ein paar Freunde, die auch zu ihm halten. Es gibt aber auch Kinder in seiner Klasse, die ihn nicht mögen. Manchmal zeigt Fynn herausforderndes Verhalten. Einige seiner Mitschüler haben davor Angst oder kein Verständnis für seine Behinderung oder sein Verhalten. Während einer Fünf-Minuten-Pause spielen Kinder in der Nähe von Fynn mit Aufkle-

bern. Sie bekleben sich mit Stickern als eine Form von mildem Hänseln und um gegenseitig ihre Grenzen auszutesten. Während des Spiels klebt Mara Fynn einen Aufkleber auf die Brust. Er nimmt den Aufkleber ab und klebt ihn Mara ebenfalls auf die Brust. Das Mädchen wird wütend, weil Fynn sie an der Brust berührt hat.

Saskia, Fynns Schulbegleiterin, bekommt die Situation mit. Schnell geht sie auf Mara zu und erklärt ihr, dass Fynn nicht genau versteht, was er da getan hat. Es wird ein Gespräch zu viert anberaumt: Mara, Fynn, Saskia und die Klassenlehrerin. Bevor das Gespräch stattfindet, führt Saskia ein Gespräch mit Fynn. Sie erklärt ihm ganz grob, was es mit der Pubertät und Sexualität auf sich hat. Anschließend zeigt sie Fynn eine Zeichnung mit jeweils einem weiblichen und männlichen menschlichen Körper. Dort sind die Intimbereiche, die man als Erwachsener nicht einfach berühren darf, rot markiert. Saskia erklärt Fynn außerdem, dass man ab der Pubertät andere Menschen nicht mehr einfach anfassen darf. Es ist notwendig, vorher ein Einverständnis auszuhandeln. Anschließend erklärt Saskia noch, dass dieser Aushandlungsprozess ganz explizit mit Worten stattfinden kann. Sie erklärt aber auch, dass es subtilere Formen gibt, wie zum Beispiel Flirten, Blicke, etc.

Anschließend findet das Gespräch mit Mara und der Klassenlehrerin statt. Mara erhält die Gelegenheit, ihr Unbehagen mit der Grenzüberschreitung zum Ausdruck zu bringen. Es wird ihr aber auch erklärt, dass Fynn seine Berührung nicht mit sexuellen Hintergedanken ausgeführt hat und dass er beim Thema Sex auch noch gar nicht so weit ist. Mara fühlt sich gehört, aber kann auch Verständnis für Fynn aufbringen. Fynn entschuldigt sich und verspricht in Zukunft vorsichtiger zu sein. Saskias Aufgabe bei dem Gespräch ist es, zwei widersprüchliche Ziele in Einklang zu bringen. Fynn soll nicht hart bestraft werden für etwas, was er nicht aus böser Absicht getan hat. Zugleich soll Fynn aber ein Gefühl dafür bekommen, dass eine sexuelle Grenzüberschreitung ein starkes gesellschaftliches Tabu ist, und dass er jetzt in einem Alter ist, in dem von ihm erwartet wird, dass er diese neuen Grenzen kennt und beachtet.

2.4.6 Sexuelle Identität

Bei autistischen Menschen konstituiert sich die sexuelle Identität anders als bei Neurotypikern. Dies scheint einerseits biologische Faktoren zu haben. Im August 2020 wurde erneut eine maßgebliche Metastudie zu dem Thema veröffentlicht: »Elevated rates of autism, other neurodevelopmental and psychiatric diagnoses, and autistic traits in transgender and gender-diverse individuals« (Warrier et al., 2020; siehe auch Dattaro, 2020). Zu Deutsch bedeutet der Titel: »Erhöhte Raten von Autismus, anderen neurologischen Entwicklungsstörungen und psychiatrischen Diagnosen und autistische Züge in transgender und gender-diversen Individuen«. Diese Studie zeigt auf, dass es unter transidenten Personen eine höhere Prävalenz für Autismus gibt als unter der Normalbevölkerung. Umgekehrt ist es so, dass es unter autistischen Personen mehr transidente Personen gibt als in der Normalbevölkerung. Autistische Frauen denken häufig sehr rational auf eine Art, die eher mit Männern assoziiert ist. Autistische Männer weisen häufig eine für Männer untypisch hohe Sensibilität auf.

Es gibt außerdem das Phänomen, dass autistische Frauen eher zu Freundschaften mit Männern neigen und umgekehrt. Hierbei muss allerdings die sexuelle Identität nicht unbedingt eine Rolle spielen. Für autistische Personen ist es oftmals einfacher in einem Kontext zurecht zu kommen, in dem kein Normverhalten von ihnen erwartet wird. Während eines Schulaustausches im Ausland hatte ich so gut wie keine Probleme mit meinem autistischen Verhalten. Von einem Ausländer wurde schlicht kein sozialkonformes Verhalten erwartet. Ein ähnlicher Mechanismus greift für ein Mädchen, das mit Jungs befreundet ist beziehungsweise für einen Jungen, der mit Mädchen befreundet ist.

Sexuelles Interesse beziehungsweise sexueller Appetit können sehr weit gestreut sein. Es gibt einerseits autistische Menschen, die asexuell oder nur äußerst wenig sexuell aktiv sind, weil ihnen die Intensität von Lust und anderen sexuellen Gefühlen zu viel ist. Es gibt aber auch autistische Menschen, die sexuelle Aktivität zum Beispiel als sehr intensive Form des Stimmings schätzen. An dieser Stelle sei noch angemerkt, dass es durchaus auch notwendig sein kann, darauf hinzuweisen, dass Sexualität etwas sehr Privates ist und nicht beziehungsweise nur unter bestimmten außergewöhnlichen Umständen in der Öffentlichkeit praktiziert werden darf.

2.5 Fokussiertes Denken und ausgeprägte Interessen

Autismus geht einher mit einer holistischen Wahrnehmung. Stellen wir uns die menschliche Wahrnehmung vor wie eine Kuppel aus Glas, die den Menschen umgibt. Wenn ein autistischer Mensch seine Wahrnehmung auf eine Sache richtet, dann ist es, als würde sich ein Netz von kleinen Verschaltungen über die Glaskuppel legen, so ähnlich wie bei einer Platine in einem elektronischen Gerät. Dabei ist es wichtig, dass alles, was von der Wahrnehmungskuppel erfasst wird, auch in die große Gesamtschaltung eingepflegt werden kann. Sobald die Kuppel ein Detail erfasst, was widersprüchlich oder undefiniert ist, gibt es ein Problem. Ein solches Detail kann nicht in die bisherige Verschaltung eingefügt werden. Das kann dazu führen, dass die gesamte Schaltung in sich zusammenbricht. Vergleichen kann man das mit einer Gruppe von mathematischen Beweisen, die aufeinander aufbauen. Sobald einer der Beweise sich als widersprüchlich herausstellt, ist die gesamte Kette von Beweisen hinfällig.

Dieses Prinzip, Dinge in ihrer Gesamtheit erfassen zu wollen und zu müssen, um sich damit wohlfühlen zu können, ist ein sehr fundamentaler Aspekt von autistischem Denken. Auch hier mag die Mathematik wieder als Vergleich dienen. Warum ist es wichtig, möglichst viel über ein Gebiet zu wissen? Das liegt daran, dass man sehr häufig im Zentrum eines Systems nicht viel über seine Funktionsweise lernen kann. Spannend sind immer die Randbereiche. Über eine mathematische Funktion kann man sehr viel mehr an ihren Extremstellen erfahren als an irgendeinem regulären Verlauf irgendwo in der Mitte. Auch der Perspektivwechsel ist sehr wichtig, um zu verstehen. Eine Ameise, die in der Mitte eines Fußballfeldes steht, sieht lediglich weiße Grashalme. Aus der Vogelperspektive hingegen werden die Linien deutlich, die dem Spielfeld eine Struktur geben.

Fokussiertes Denken ist sehr hilfreich, um Dinge oder Themen in ihrer vollen Tiefe erfassen zu können. »Ausgeprägte Interessen in speziellen Bereichen« beziehungsweise Spezialinteressen sind nur aus der neurotypischen Perspektive etwas Außergewöhnliches. Aus der autistischen Perspektive macht es schlicht und einfach Sinn, eine Sache vollständig verstehen zu wollen. Und wenn man eine Sache vollständig verstehen will, dann ist es hilfreich, möglichst viel über diese Sache zu wissen. Neben der Befriedigung, die tiefes Wissen mit sich bringt, ist umfassendes Wissen gut geeignet, um in einem Subsystem Vorhersagen zu treffen, was eine gute Überleitung zum nächsten Kapitel ist. Vorhersagen treffen zu können, ist sehr wichtig, wenn man ein ausgeprägtes Bedürfnis nach Beständigkeit, Routine und Ordnung hat.

2.6 Bedürfnis nach Beständigkeit, Routine und Ordnung

Stellen sie sich vor, ein unvorhergesehenes Ereignis hat das Potential dazu, Sie so sehr aus der Bahn zu werfen, dass sie danach drei Tage lang zu Hause in einem abgedunkelten Raum verbringen müssen, um wieder zu Kräften zu kommen. Vor diesem Hintergrund scheint ein Bedürfnis unvorhergesehene Ereignisse zu vermeiden nicht sonderlich verwunderlich, oder? Beständigkeit erzeugt bei autistischen Menschen ein Gefühl von Sicherheit und Geborgenheit. Routinen erleichtern es, wiederkehrende Aufgaben effizient zu erledigen. Eine einmal erprobte Routine erspart den Aufwand und den Schmerz, das Erledigen einer Aufgabe zu planen. Eine unstrukturierte Aktivität zu strukturieren, ist aufwändig. Der Unterschied zwischen einer autistischen Person, die bei einer Aufgabe länger als alle anderen braucht, und einer autistischen Person, die ihre Aufgaben als erste mit Bestnote fertig stellt, sind erfolgreich konzipierte und angewandte Routinen.

Ordnung hilft dabei, den Überblick zu bewahren. Nach jedem Umzug in meinem Leben ging es mir erst einmal schlecht. Wenn der eigene Besitz in der neuen Wohnung angekommen ist, dann steht er dort unsortiert herum. In einen unstrukturierten Raum zu blicken, in dem wahllos Gegenstände und Kisten herumstehen, erzeugt bei mir Gefühle von Unwohlsein und Abscheu. Es tut weh im Kopf. In den Texten von autistischen Erwachsenen, die in der Lage sind, sich selbst schriftlich zu äußern, tauchen immer wieder Beschreibungen von überfordernden Situationen auf. Was diesen Situationen gemein ist, sind zu viele Sinneseindrücke, die über eine Person wie eine Welle hereinbrechen. In einer Umgebung, die von Beständigkeit, Routine und Ordnung geprägt sind, finden solche Situationen aber viel seltener statt.

Um in einer Situation gut funktionieren zu können, benötigen autistische Menschen die richtigen Kraftreserven zur richtigen Zeit. Es ist außerdem notwendig, gewisse Bedürfnisse befriedigt zu haben. Ein Beispiel wäre morgens in den Briefkasten zu schauen. Wenn ich in den Briefkasten geschaut habe, dann weiß ich, dass ich heute keine schlechten Nachrichten mehr erhalte, weil ich erst am nächsten Tag wieder in den Briefkasten schaue. Wenn es mir nicht möglich war, morgens in den Briefkasten zu schauen, dann werde ich den Rest des Tages darüber nachdenken, ob ich irgendwelche Briefe verpasst habe. Werde ich abends, wenn ich nach Hause komme, noch schlechte Neuigkeiten verarbeiten müssen? Solche Gedanken und Fragen lenken aber von den anderen Sachen ab, die gerade eigentlich bearbeitet werden müssten. Es gibt Situationen, in denen eine im Kopf herumschwirrende, unbeantwortete Frage so viel Unheil anrichten kann, dass die Person in der Situation versagt. Das kann bedeuten, dass sie die Erwartungen der Umgebung nicht erfüllen kann, es kann sich aber auch wie ein Versagen anfühlen, weil die eigene Erwartung an sich selbst oder das Ergebnis nicht erfüllt wird. Es fühlt sich sehr belastend und demütigend an, wenn man an einer Sache scheitert, die man normalerweise kann, nur weil man gerade in diesem Moment von den eigenen Gedanken abgelenkt ist.

2.7 Anspannung, Entspannung und Überreizung

Der Themenkomplex Anspannung, Entspannung und Überreizung ist für die Arbeit als Schulbegleitung von zentraler Bedeutung. Die Unterschiede beim Thema Anspannung und Entspannung scheint der Aspekt von Autismus zu sein, der für die Neurotypikerinnen am schwersten nachzuvollziehen ist. Anspannung führt zu Überreizung und Überreizung wiederum ist die Ursache für Verhaltensformen, die für die Klientin das größte Risiko bergen. Bei Klientinnen, die von einem Schulverweis bedroht waren, ist mit Abstand der häufigste Grund herausforderndes Verhalten. Um diesen Themenkomplex etwas zu ordnen, möchte ich zuerst einmal ein paar Begriffe einführen und erklären, wie Überreizung aussieht und welche Folgen sie haben kann.

2.7.1 Overload

Als Overload bezeichnet man eine Situation, in der eine autistische Person mit einer Situation konfrontiert ist, die zu signifikantem Unbehagen führt. Das kann man sich in etwa so vorstellen: Es gibt eine Komfortzone. In der Komfortzone geht es der autistischen Person gut. Sie ist in einer Umgebung, die einigermaßen strukturiert und vorhersehbar ist. Es gibt genug Input, um sich nicht zu langweilen, aber auch nicht so viel, dass es überfordernd ist. Wo sich diese Komfortzone befindet, hängt von den Eigenschaften, Fähigkeiten und der Tagesform der autistischen Person ab.

Wenn die Person aus ihrer Komfortzone herausgeholt wird, dann kostet das Kraft. Man kann sich das vorstellen wie bei einem Videospiel. Die

2.7 Anspannung, Entspannung und Überreizung

Spielfigur hat eine Lebensenergieleiste. Wenn sie von einer Gegnerin getroffen wird, verschwindet ein Teil der Lebensenergie. Sollten danach keine weiteren Angriffe erfolgen, kann sich ein Teil der Lebensenergie regenerieren. Wenn jedoch weitere Treffer eingesteckt werden müssen, dann ist die Lebensenergie irgendwann aufgebraucht. Im echten Leben sind diese Angriffe Überreizung, Stress und Unbehagen. Wenn es davon zu viele gibt, dann ist irgendwann der Zeitpunkt erreicht, bei dem es zu einem Meltdown oder Shutdown kommt.

Es gilt eine weitere Sache zu beachten: Wenn ein Overload einsetzt, dann gehen Fähigkeiten, über die die Person normalerweise verfügt, verloren. Das heißt, dass ein Overload eskalativ ist. Je weiter sich die Person im Overload befindet, desto schwerer fällt es, der akuten Situation gerecht zu werden, weil die dafür notwendigen Fertigkeiten nicht mehr abrufbar sind. Außerdem können Copingskills nicht mehr verfügbar sein.

Jede Person reagiert sehr individuell auf den Overload. Für Ihre Arbeit ist es wichtig, dass Sie lernen, wie es aussieht, wenn *Ihre* Klientin in den Overload rutscht. Bei einigen autistischen Personen lässt sich das ziemlich leicht an deutlich sichtbaren nervösen Ticks festmachen. Bei anderen Personen sind die Anzeichen sehr subtil, insbesondere wenn mit einem Rückzug ins Innere reagiert wird. Hier kann das Warnsignal sein, dass die Person plötzlich sehr still wird. Es ist äußerst wichtig, die Signale ihrer Klientin zu kennen, um etwaige Meltdowns oder Shutdowns zu vermeiden. Bei zugänglicheren Klientinnen kann man diese Dinge erfragen, bei anderen Klientinnen ist es notwendig, selbst ein Gefühl dafür zu entwickeln. Wenn ein Overload sich nicht mit Stimming mildern lässt, so muss in der Regel die Situation verlassen und für eine Auszeit gesorgt werden, in der sich die Klientin beruhigen kann. Oft kann es Sinn machen, nach einer gewissen Regenerationszeit die vergangene Situation zu reflektieren und nachzubesprechen.

Für die Assistenz kann ein solches Gespräch dazu dienen, einen tieferen Einblick in die Auslöser des Overloads zu erhalten beziehungsweise ein besseres Verständnis dafür zu entwickeln, wann der Overload losgeht. Für die Klientin kann es hilfreich sein, ihre Gefühle auszusprechen, ihrem Ärger und ihrer Frustration Luft zu machen. Es kann aber auch eine Gelegenheit sein, um Fragen zu stellen und sich sozial »weiterzubilden«.

Wenn es nicht gelingt, den Overload rechtzeitig zu beenden, dann kann es zu einem Meltdown oder einem Shutdown kommen. Für diese beiden Zustände gilt alles, was auch für den Overload gilt, es kommen aber noch weitere Dinge hinzu. Es ist insbesondere wichtig, dass der Verlust von Fähigkeiten, die sonst vorhanden sind, dort soweit gehen kann, dass selbst basale Fertigkeiten nicht mehr abrufbar sind, zum Beispiel die Fähigkeit, die eigene Blasenfunktion zu steuern, bis hin zu einem völligen Kontrollverlust.

2.7.2 Meltdown

Ein Meltdown sieht von außen betrachtet aus wie ein Wutausbruch oder ein Nervenzusammenbruch. Er entsteht, wenn die Person über eine gewisse Zeit einer Überreizung ausgesetzt war. Die Überreizung wird nach einer Weile so intensiv empfunden, dass alles andere aus dem Bewusstsein gespült wird. Dies ist eine Form von Dissoziation. Diese Erfahrung ist derart überwältigend, dass sie Begleiterscheinungen wie Panik und Todesangst mit sich bringt. Weil das Erleben so massiv ist, ist auch die Antwort entsprechend massiv.

Ein Meltdown kann einhergehen mit sehr lautem Schreien, sehr wüsten Beschimpfungen bis hin zu körperlicher Aggression. Die Dissoziation kann dabei so stark sein, dass die Betroffenen sich im Nachhinein nicht mehr daran erinnern können, was sie getan oder wie sie sich verhalten haben. Es ist jedoch egal, wie unangenehm sich ein Meltdown äußert, er ist niemals ein bösartiger Akt der Aggression, sondern ein verzweifelter Versuch, sich selbst zu retten. Ähnlich wie bei Stimming darf dieser Impuls nicht einfach bestraft oder bekämpft werden. Das zugrunde liegende Bedürfnis ist berechtigt und von daher ernst zu nehmen und zu respektieren. Die Ausdrucksform mag unangenehm, falsch oder schädlich sein, das Anliegen ist es jedoch nicht. Es ist außerdem wichtig zu verstehen, dass ein solcher Zusammenbruch ein sehr erschöpfendes und kräftezehrendes Erlebnis ist. Die Person nach so einer Episode auszuschimpfen oder zu bestrafen, ist völlig sinnlos, weil sie überhaupt nicht mehr in der Lage ist, diese Kommunikation zu verarbeiten. Sich von einem solche Ereignis zu erholen, kann manchmal mehrere Tage in Anspruch nehmen.

Es ist wichtig, der betroffenen Person einen Ausweg aus der Situation zu zeigen. Wenn möglich, sollte dieser Ausweg nicht wie eine Niederlage aussehen, denn einen Overload erleben zu müssen, ist bereits eine große persönliche Niederlage. Versuchen Sie einen Unterschied zu etablieren zwischen »Wegen Störens der Klasse verwiesen werden« und »Ich nehme mir eine Pause, um mich zu beruhigen und zu regenerieren«. Wenn die Person einen starken Kontrollverlust erlebt, dann kann es notwendig sein, dass die Assistenz die Person aktiv aus der Situation herausholt. Hierfür müssen aber ein ausreichendes Vertrauensverhältnis oder Absprachen vorhanden sein. Wenn bekannt ist, dass die Klientin zu Meltdowns neigt, dann sollte unbedingt der Versuch unternommen werden, einen Umgang abzusprechen, bevor eine solche Situation auftritt.

2.7.3 Shutdown

Der Shutdown ist die nach innen gerichtete Variante des Meltdowns. Die Überreizung führt dazu, dass die Person nicht mehr in der Lage ist, Entscheidungen zu treffen und in die Handlung zu kommen. Die Bewertung der Situation ist nicht mehr möglich. Von außen kann die Person apathisch oder leicht weggetreten wirken. Es kann sein, dass sie aufhört zu sprechen und auch nicht mehr auf Ansprache reagiert. Der Shutdown geht ebenfalls einher mit starken dissoziativen Elementen. Es kann zum Beispiel passieren, dass die Person sich nicht an die Auslöser für den Shutdown oder an das während dem Shutdown Erlebte erinnern kann.

Sollte es soweit kommen, dann ist es erst einmal hilfreich, möglichst viele von außen einwirkende Reize abzuschalten. Sollten zum Beispiel andere Personen die Klientin bedrängen, so sollte hier Einhalt geboten werden. Wenn es gelungen ist, die Klientin von den grellsten Reizen abzuschirmen, sollte danach ein Rückzugsraum aufgesucht werden, in dem die Klientin sich erholen kann.

2.7.4 Traumaggedon

Im Gegensatz zu den obigen Begriffen ist der Begriff »Traumaggedon« eine Eigenkreation. In diesem Zusammenhang soll das Wort Trauma nicht den Zusammenhang beschreiben, dass ein individuelles traumatisierendes Ereignis eine Person beschädigt. Es geht eher um Entwicklungen, die mit Typ II Traumata, also Entwicklungstraumata vergleichbar sind, aber in gewisser Weise eine Kontinuität zu Overload und Meltdown beziehungsweise Shutdown darstellen.

Es gibt Klientinnen, die leben in einem Zustand der dauerhaften Überforderung oder Frustration. Wenn zum Beispiel der Schulalltag eine Qual ist, es aber auch zu Hause nicht die notwendigen Möglichkeiten für Rückzug und Erholung gibt, dann kann der obig beschriebene Fertigkeitenverlust ein dauerhafter sein. Hinzu kommen können nervöse Ticks, psychosomatische Störungen, wie zum Beispiel Neurodermitis, Entzündungen, Magenprobleme, Haarausfall. Auf der Verhaltensebene kann das einhergehen mit Mutismus,

Schulverweigerung, der Verweigerung sich (schon wieder) auf eine neue Schulbegleitung einstellen zu müssen etc. Wo hingegen diese Phänomene normalerweise temporäre Erscheinungen während eines Overload, Meltdown oder Shutdown sind, die durch Erholung wieder verschwinden, haben sich diese Phänomene im Traumageddon-Zustand dauerhaft verfestigt.

Diese Personen stecken in einem sehr tiefen Loch. Bevor es bei ihnen zu einer Entfaltung im positiven Sinne kommen kann, ist es erst mal notwendig, dafür eine Basis zu schaffen. Wenn ihnen auffällt, dass Ihre Klientin sich in einem solchen Zustande befindet, dann kann es notwendig sein, eine breitere Intervention auszulösen. Falls es noch keine spezifische Autismustherapie geben sollte, sollte eine begonnen werden. Ansonsten sollten die vorhandenen therapeutischen Kräfte eingebunden werden, um eine ganzheitliche Strategie zu entwickeln, die darauf abzielt, in den verschiedenen Lebenssituationen der Klientin Verbesserungen zu erwirken. Die Eltern sollten mit eingespannt werden, da höchstwahrscheinlich auch im heimischen Umfeld Veränderungen unternommen werden müssen. Anschließend sollten in der Schule rigoros Maßnahmen eingeführt werden, um die Schülerin zu stabilisieren. Diese Maßnahmen können auch beinhalten, den Schulbesuch für eine gewissen Zeitraum zu unterbrechen, oder die Zahl der Schulstunden zu reduzieren. Wenn die Klientin über längere Zeit im Traumageddon verbleiben muss, dann können sich die damit einhergehenden Einschränkungen und Beschädigungen verfestigen und zu dauerhaften Pathologien verwachsen, die die Person auch noch bis weit ins Erwachsenenalter verfolgen können.

2.7.5 Das Eisbärmodell

Um als Schulbegleitung Überreizung verhindern oder begleiten zu können ist es notwendig, die Unterschiede bei Anspannung und Entspannung besser zu verstehen. Das Leben in einer neurotypischen Welt ist für uns sehr anstrengend, weil wir ständig kompensieren müssen. Wir können uns nicht autistisch verhalten, weil wir dann in der Welt nicht zurecht kommen würden. Je nach Umgebung würde unser autistisches Verhalten Menschen überfordern, wir würden nicht verstanden werden oder wir würden Angriffsfläche für Menschen bieten, die uns nicht wohl gesonnen sind. Es ist aber nicht nur so, dass wir viele alltägliche Dinge als anstrengender erleben, wir brauchen auch intensivere Phasen der Entspannung, um wieder zu Kräften zu kommen. Um diese Unterschiede nachvollziehbarer zu machen, verwende ich das Eisbärmodell.

2.7 Anspannung, Entspannung und Überreizung

Man stelle sich die autistische Person vor wie einen Eisbär, der auf seiner Eisscholle sitzt und über das Polarmeer durch die Arktis manövrieren muss. Dabei entspricht das Navigieren durch das Polarmeer dem Absolvieren eines Tages.

Abb. 2.1: Ein glücklicher Eisbär steht auf seiner Scholle im Polarmeer, die Sonne scheint

An einem guten Tag steht die Eisscholle stabil im Wasser, die Sonne scheint. Man kann in die Ferne schauen, das Meer liegt ruhig da und lädt zum Erkunden ein. Unter diesen Umständen ist es überhaupt kein Problem, mit der Eisscholle überall dort hin zu paddeln, wo man so hin muss.

Abb. 2.2: Ein ängstlich blickender Eisbär steht verunsichert auf seiner Eisscholle, das Meer ist stürmisch

An einem schwierigen Tag hingegen ist das Polarmeer stürmisch, Regen und Dunst vernebeln die Sicht. Die Eisscholle schwankt hin und her und unser Eisbär kann sich kaum darauf festhalten.

Aber auch wenn ein Tag gut anfängt, heißt das nicht, dass er auch so enden muss. Anstrengende und überfordernde Ereignisse, wie zum Beispiel gehänselt zu werden, ein Referat halten zu müssen, sich mit einer Freundin zu streiten, sind wie ein Schlag gegen die Eisscholle. Mit jedem Schlag gerät die Eisscholle mehr und mehr in Schieflage. Neben einzelnen herausragenden Ereignissen kann auch latenter Dauerstress, wie zum Beispiel den ganzen Tag in der Schule still sitzen zu müssen und nicht dem natürlichen Bewegungsdrang nachgehen zu können, oder die ganze Zeit unter vielen Menschen sein zu müssen, dafür sorgen, dass die Eisscholle immer mehr Schieflage bekommt.

Je mehr Schieflage die Eisscholle hat, desto schwieriger ist es, sich darauf zu halten. Das heißt, für den weiteren Verlauf des Tages muss der Eisbär mit einer schiefen Eisscholle durch das Meer paddeln. Je mehr Kraft dafür aufgebracht werden muss, sich an der Scholle festzuklammern, desto weniger Kraft ist für das Paddeln übrig. Vergleichen sie hierzu den obig erwähnten Verlust von Fähigkeiten im Overload und dessen eskalative Natur. Jede weitere Verschärfung der Situation führt zu mehr Schiefstand und kostet mehr Kraft, die dann nicht mehr für neue Herausforderungen verfügbar ist. Wenn alle Kraftreserven aufgebraucht sind, kippt die Scholle endgültig und unser Eisbär landet im Meer, was in der Regel dann entweder bedeutet, dass ein Meltdown oder ein Shutdown erfolgt.

Abb. 2.3: Ein wütender Eisbär zertrümmert seine eigene Eisscholle

Um eine in Schieflage geratene Eisscholle wieder zu stabilisieren – sprich: um einen Overload zu beenden –, ist es notwendig, der Klientin eine Auszeit zu verschaffen. Wenn möglich sollte hier die erste Wahl sein, die aktuelle Situation zu verlassen und einen Ort aufzusuchen, wo man sich in Ruhe erholen kann. Wenn es gerade nicht möglich ist, die Situation zu verlassen, dann kann Stimming helfen. Allerdings ist es in der Regel so, dass Maßnahmen, die in der Situation selbst angewendet werden, nur ein Aufschub sind. Die Situation muss zwar nicht verlassen werden, aber dafür muss die anschließende Erholungspause in der Regel umso länger sein.

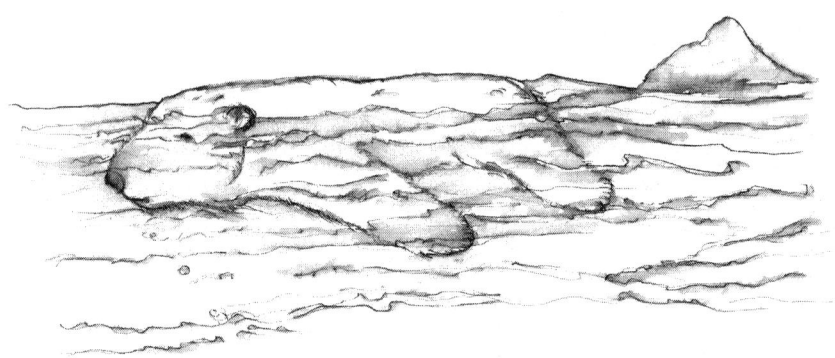

Abb. 2.4: Der Eisbär treibt hilflos im Polarmeer, die Eisscholle ist nicht mehr zu sehen

Um im Bilde zu bleiben: Wenn der Eisbär von der Eisscholle gefallen ist, dann müssen sie mit Ihrem Hubschrauber den Eisbären erst einmal aus dem Polarmeer fischen. Anschließend müssen Sie auf das sichere Festland zurückkehren, wo der Eisbär sich trocknen und aufwärmen kann. Erst danach ist es möglich, an die Küste zurückzukehren, eine neue Eisscholle zu finden und wieder in See zu stechen. Dieses Bild soll verdeutlichen, dass autistische Menschen eine »absolute« Entspannung benötigen, bevor sie wieder belastbar sind.

So lange eine Person sich weiterhin in einer sozialen Situation befindet, ist es notwendig, den Schein zu waren. So lange die Person also gezwungen ist, in der Situation zu verbleiben, muss die Performance fortgeführt werden, was eine echte Entspannung verhindert. Es ist ein bisschen so wie mit einem Motor, der heiß gelaufen ist. Der Motor muss erst mal komplett abkühlen, bevor es möglich ist, den Kühlkreislauf neu mit Wasser zu befüllen. Wenn man den Motor nur kurz abkühlen lässt und dann versucht weiterzufahren, wird der Motor nach sehr kurzer Zeit wieder den Dienst versagen. Wenn man versucht, den Motor mit neuem Kühlwasser zu befüllen, bevor er abgekühlt wird, besteht eine sehr große Gefahr, sich zu verletzen.

Abb. 2.5: Dieser Bär hat nur eine winzige Eisscholle, auf der es schwierig ist, die Balance zu halten. Sein Fell hat Löcher und die Eisberge drohen ihm. Er ist völlig verängstigt

2.8 Sozialverhalten und Kommunikation

Die Entwicklung neurotypischer Kinder verläuft in der Regel so, dass sie durchgängig in verschiedenen Bereichen hinzulernen und überall kleine Schritte vorwärts machen. Bei autistischen Kindern ist es anders. Häufig kann man beobachten, dass sie in einigen Bereichen den anderen Kindern in ihrem Alter voraus sind, während sie in anderen Bereichen hinterherhinken. Autistische Kinder neigen dazu, sich auf bestimmte Dinge stark zu fokussieren. Während der Fokus auf einer Sache liegt, bleibt der Rest am Rande der Wahrnehmung. Und das gilt dann auch für die Entwicklung. Für eine Weile werden in einem bestimmten Bereich große Fortschritte erzielt, während die anderen Bereiche aber komplett brachliegen.

Fortgeschrittenes Kommunizieren, damit meine ich Kommunikation, die darüber hinausgeht, lediglich einfache Wünsche oder Unbehagen auszudrücken, ist ein sehr anspruchsvolles Gebiet. Es ist ein wenig wie Autofahren. Um ein guter Autofahrer zu werden, ist es notwendig, viele kleinere, aber komplexe Tätigkeiten so gut zu beherrschen, dass sie unterbewusst ausgeführt werden können. So ist es zum Beispiel notwendig, mittels eines kurzen Schulterblicks die Situation neben beziehungsweise hinter dem Fahrzeug erfassen zu können. Es müssen bis zu drei Pedale mit zwei Füßen gleichzeitig bedient werden, ein Fuß soll dabei aber immer auf der Bremse verweilen. Die komplexen Handbewegungen, die für das Schalten benötigt werden, müssen ebenfalls so gut beherrscht werden, dass sie, ohne darüber nachzudenken, ausgeführt werden können. Erst wenn all diese Dinge (und noch einige mehr) unterbewusst abgerufen werden können und die Verkehrsregeln präsent sind, wird man zu einem guten Autofahrer.

So ähnlich ist es mit dem Kommunizieren. Es ist notwendig, Mimik, Blick und Tonfall zu analysieren. Ebenfalls muss das Gesprochene sowohl akustisch als auch inhaltlich verstanden werden. Dabei muss aber auch die gesamte Kommunikation in den Kontext der Situation einbezogen werden. In der Schule gelten andere unausgesprochene soziale Regeln als im Sportverein. Hinzu kommt, dass Neurotypiker gerne Codecs verwenden. Begrifflichkeiten sind mit mehreren Bedeutungsebenen überladen. Dabei kann ein Wort je nach Situationskontext andere Bedeutungen haben, der Grund kann aber auch zum Beispiel Humor, Ironie, Sarkasmus oder Zynismus sein.

Erwachsene autistische Personen, die diese Dinge verinnerlicht haben, können daher äußerst gute und effiziente Kommunikatoren sein. Der Weg dorthin kann allerdings sehr steinig sein und nicht jede Person kommt dort an. Aber auch jene Personen, die im Kommunikativen sehr stark sind, können wieder Schwierigkeiten haben, wenn sie auf soziale Kontexte treffen, die ihnen bisher gänzlich unbekannt sind. Autistische Kinder können in verschiedenen Entwicklungsstufen ein sehr außergewöhnliches Kommunikationsverhalten an den Tag legen und entsprechend auch große Schwierigkeiten haben, ihre Gegenüber zu verstehen. Ich habe diese Dinge deswegen differenziert, weil es mir wichtig ist, dass »Schwierigkeiten in der Kommunikation« kein feststehendes Merkmal von Autismus ist. Diese Schwierigkeiten sind das Ergebnis von verschiedenen Faktoren, die zusammenkommen. Um diese Schwierigkeiten zu mindern, ist es notwendig, ein Gefühl dafür zu entwickeln, welche der verschiedenen Faktoren gerade auf Ihren Klienten einwirken.

3

Ursachen

In den folgenden vier Unterkapiteln soll es um jene autistischen Eigenheiten gehen, die die prominentesten Ursachen für Herausforderungen sind, die von der Assistenz begleitet werden müssen.

3.1 Sensorische Reize

Sensorische Reize lassen sich grundsätzlich in zwei Klassen einteilen.

Physische Reize, z. B.:

- ein Pullover mit einem kratzigen Baumwollkragen
- eine flackernde Leuchtstoffröhre
- absolute Dunkelheit
- hohe Temperaturen
- blendende Mittagssonne

Mentale Impulse, z. B.:

- Beschimpfungen und Hänseleien
- Erinnerungen an traumatische Erlebnisse
- eine Trennung oder das Ende einer Freundschaft
- ein ungelöster sozialer Konflikt
- ein Termin, der große Ängste auslöst

Im Folgenden werde ich das Wort Reize für all jenes verwenden, das sensorisch oder haptisch gespürt wird. Das Wort Impulse werde ich verwenden für mentale Dinge: Gedanken, die von innen kommen, aber auch Botschaften und Kommunikation von außen.

Reize und Impulse müssen verarbeitet werden. Das gilt sowohl für negativen als auch positiven Input. Auch ein wunderschönes Gespräch mit einem geliebten Menschen, den man lange nicht gesehen hat, kann eine Anstrengung sein, die zu Erschöpfung führt. Wenn die Impulse und/oder Reize zu viel werden, dann führt das zu einer Überreizung. Die Überreizung wiederum führt in den Overload.

3.1.1 Überreizung im Overload

Bei einer Überreizung im Overload ist immer zu bedenken: Es kann sein, dass die autistische Person, die einer solchen Überreizung ausgesetzt ist, das entweder selbst nicht bemerkt oder aber es nicht ausdrücken kann. Im Folgenden soll mittels vier Varianten aufgezeigt werden, wie sich das konkret äußern kann.

Zusammenhang kann nicht geknüpft werden

Nicht bemerken kann heißen, dass die Person nicht selbstständig in der Lage ist, den Zusammenhang zwischen der Überreizung und den Folgen, die sie auslöst, zu erkennen. So kann es zum Beispiel sein, dass die Person nervös wird und kompensatorische Handlungen unternimmt, beispielsweise sich selbst stimuliert, indem sie anfängt, auf den Fingernägeln zu kauen. Zu gleich ist sie aber nicht in der Lage, die Ursache der Überreizung zu identifizieren und kann daher weder die Überreizung beenden noch sich ihr entziehen.

Verzögertes Erkennen

Nicht bemerken kann aber auch bedeuten, dass die Person es in der Situation selbst nicht bemerkt, diese Erkenntnis aber dann verspätet kommt. Das kann zu einigen Verwerfungen führen, die im Zweifel wieder aufgelöst werden müssen. Beispiel: Die Person erlebt eine Überreizung, die folgende Situation rauscht wie ein Zug sie Person hinweg. Von außen betrachtet vermittelt sie den Eindruck, als würde sie autonom handeln, in Wirklichkeit befindet sie sich in einem halbbewußten Zustand. Nachdem die Situation vorbei ist, hat die Person nur einzelne Erinnerungsfragmente übrig. Ein solches dissoziatives Erleben einer Situation bedeutet eine große Anstrengung. Übrig bleibt also eine autistische Person, die sehr erschöpft ist und zugleich Verantwortung übernehmen muss für ihre Umwelt herausforderndes Verhalten oder Grenzüberschreitungen, die sie begangen hat, aber die sie nicht unbedingt als ihre eigenen Handlungen erlebt hat oder die sie in klarem Kopf niemals so begehen würde.

Dabei kann es sich sehr demütigend anfühlen, dass man

- einen Kontrollverlust erlebt hat,
- andere Menschen verletzt hat,
- sich für Dinge entschuldigen muss, die man nicht mit Absicht getan hat.

So unangenehm das herausfordernde Verhalten auch gewesen sein mag, es ist wichtig, dabei auch im Hinterkopf zu behalten, dass dieses kein bewusstes bösartiges Verhalten ist, sondern die Person »von einem inneren Dämonen geritten wird«. Es ist daher wichtig, diese Art von herausforderndem Verhalten mit einer Mischung aus Verständnis und Vehemenz zu beantworten. Verständnis für den Kontrollverlust, aber Vehemenz dabei, Handlungsalternativen anzubieten und die Arbeit an sich selbst einzufordern.

Nicht in der Lage sich zu äußern

Ebenfalls gibt es Personen, die ihr Unbehagen nie äußern können. Es gibt Personen, die dauerhaft nicht in der Lage sind, Reize und Impulse richtig einzuordnen, zum Beispiel weil ihnen die kognitiven Fähigkeiten fehlen. Andere sind nicht in der Lage sich zu äußern, weil sie gar nicht sprechen können oder weil sie noch nicht gelernt haben, dass sie ihre Bedürfnisse ausdrücken können oder dürfen und diese auch wahr- beziehungsweise ernstgenommen werden.

Fähigkeitenverlust

Es gibt aber auch Personen, die auf Grund des Overloads die Fähigkeit verlieren, sich zu äußern. Wie bereits im vorherigen Kapitel besprochen, kann ein Overload dazu führen, dass Fertigkeiten, die sonst vorhanden sind, nicht mehr abgerufen werden können. Dazu gehören können zum Beispiel die Fähigkeiten

- zu sprechen,
- die eigenen Gefühle zu erkennen und
- die eigenen Gefühle zu äußern.

Fähigkeitenverlust kann sich aber auch sehr subtil äußern. So kann es sein, dass eine Person nach wie vor die äußere Erscheinung aufrecht erhalten kann, aber Schwierigkeiten hat, Dinge auszuführen, die ihr sonst leicht fallen. Stellen wir uns eine Schülerin vor, die gerade an der Tafel steht. Sie hat eine schwierige Aufgabe vorbildlich gelöst und überträgt ihre Lösung gerade aus dem Heft auf die Tafel. Hierbei ist sie hochgradig nervös, weil sie vor der ganzen Klasse steht. Nachdem sie ihre Lösung an die Tafel geschrieben hat, wird die Lösung noch kurz mit dem Lehrer besprochen. Während dieses Austausches fragt der Lehrer seine Schülerin nach dem Ergebnis einer einfachen Addition.

Während es dem Mädchen leicht gefallen ist, zu Hause in Ruhe die Lösung für diese schwere Aufgabe zu erarbeiten und auch die benötigten Rechnungen fehlerfrei durchzuführen, ist sie im Overload, ausgelöst dadurch, dass sie vor der ganzen Klasse sprechen muss, nicht mehr in der Lage, eine einfache Addition durchzuführen. Die Fähigkeit, die sie sonst hat, ist plötzlich nicht mehr abrufbar. Zum Glück hat diese Schülerin einen Lehrer, der sie bereits ganz gut kennt und solche Reaktionen von ihr gewöhnt ist. Wenn das aber nicht der Fall ist, so könnte es für dieses Mädchen problematisch werden. In einer anderen Umgebung, in der man sie nicht kennt, würde womöglich der Verdacht geäußert, dass eine Person, die so einfache Rechnungen nicht durchführen kann, auch nicht in der Lage gewesen sein kann, die Lösung für die schwierigere Hausaufgabe zu erarbeiten. Spontaner Fähigkeitenverlust kann auch oft bei anderen das Gefühl erzeugen, dass diese Person sich gerade mit voller Absicht verweigert, und entsprechende Reaktionen auslösen.

3.1.2 Reaktion

Sensorische Überreizung kann verschiedene Verhaltensweisen auslösen.

Gegenwehr
Es kann sein, dass die Person wütend oder fahrig wird und anfängt, sich gegen den Ablauf oder gegen den Menschen, der als Ursache des Reizes verortet wird, zu wehren. Derartige Gegenwehr kann sehr massiv sein.

Flucht
Die Person kann einen Fluchtimpuls entwickeln und möchte die Situation dringend verlassen. Dabei kann die Panik so groß sein, dass die Person sich auch durch Unachtsamkeit selbst verletzen kann. Während einer Begleitung habe ich erlebt, wie eine Person sich so erschreckt hat, dass sie einfach losgelaufen ist. Dabei stand ihr ein Tisch im Weg. Statt irgendwie auf den Tisch zu reagieren, ist die Person einfach weiter gelaufen und dann mit dem Tisch zu Boden gegangen.

Den Reiz stoppen
Eine weitere Variante sind Versuche, den Reiz zu stoppen, zum Beispiel indem bei einem Radio der Stecker gezogen wird, oder indem das Radio gegen die Wand geworfen wird.

Den Reiz übertönen
Manche Personen werden versuchen, den Reiz mit einem anderen Reiz zu übertönen, dies kann zum Beispiel durch Stimming geschehen. Dabei muss übertönen nicht unbedingt heißen, dass ein Reiz mit einem gleichen Reiz übertönt wird. So ist zum Beispiel denkbar, dass eine Person es nicht ertragen kann, dass eine laute Glocke läutet. In der Folge kratzt die Person sich mit den Fingernägeln die Unterarme auf. Weil die Person den Schmerz intensiver wahrnimmt als den Lärm, funktioniert das für sie. Andere Personen können aber auch das Bedürfnis haben, entsprechende Reize mit mehr von dergleichen Sorte zu bekämpfen, beispielsweise indem eine Person, die mit Lärm überfordert ist, anfängt laut zu schreien.

Dissoziieren oder Apathie
Die Person kann sich in sich selbst zurückziehen oder zu dissoziieren beginnen. Das Ergebnis kann dann sein, dass die Person überhaupt nicht mehr ansprechbar ist.

3.1.3 Umgang

Als Begleitung muss man sich auf verschiedenen Ebenen mit dem Thema sensorische Überreizung beschäftigen. Gewisse Dinge können einfach beseitigt werden. Eine flackernde Lichtröhre kann ausgetauscht oder zumindest erst einmal entfernt werden. Bei blendender Mittagssonne kann ein Vorhang Abhilfe schaffen. Sollte der nicht mehr vorhanden oder defekt sein, so muss unter Umständen die Hausmeisterin eingeschaltet werden oder ein Sitzplatzwechsel arrangiert werden. Andere sensorische Reize treten leider spontan auf, zum Beispiel ein Streit mit einer Mitschülerin oder ein Schwall von Beschimpfungen und erfordern Fingerspitzengefühl seitens der Schulbegleitung. Insbesondere jüngere Kinder oder Kinder in der Pubertät können große Schwierigkeiten haben, Überreizungen bei sich selbst (rechtzeitig) festzustellen. Es ist daher wichtig, dass die Schulbegleitung lernt, die Anzeichen für einen Overload zu erkennen, um dann die notwendigen Unterstützungsmaßnahmen einzuleiten.

Wie immer gilt, dass Sie so viel wie notwendig, aber so wenig wie möglich intervenieren sollen. Es ist nicht so, dass die Klientin vor jeglicher Form von Stress abgeschirmt werden soll. Ein Gefühl dafür, wann die Klientin eine Situation selbstständig meistern und daraus Selbstvertrauen ziehen kann, und wann es zu einem Overload, der möglicherweise viel Schaden anrichtet, kommen kann, muss jede Schulbegleitung für jede individuelle Klientin selbst entwickeln. Grundsätzlich ist es aber sehr wichtig, erst einmal zu akzeptieren, wie die Klientin reagiert. Wenn eine Person bemerkt, dass eine Situation ihr nicht gut tut, und sie aus sich selbst heraus Dinge unternimmt, um die Situation erträglich zu machen, so ist das gut.

Es bedeutet, dass diese Person zeitnah ihre eigenen Gefühle korrekt interpretieren kann und auch in der Lage ist, diesen Gefühlszustand in Handlungen umzusetzen. Wenn die entsprechenden Handlungen sozial unverträglich sind, der Person selbst oder anderen schaden, dann müssen Handlungsalternativen erarbeitet werden. Der Impuls für sich selbst zu sorgen, muss allerdings auf jeden Fall akzeptiert und geachtet werden.

3.2 Intrinsische Motivation

Es kann autistischen Menschen zuweilen sehr schwer fallen, ins Handeln zu kommen. Es gibt außerdem das Phänomen, dass eine Person zwar mit einer Sache anfängt, aber dann unverhofft wieder aufhört. Bei autistischen Kindern kann man regelmäßig beobachten, dass sie, konfrontiert mit einem neuen Spiel oder einer neuen Spielvariante, erst mal an der »Seitenlinie« Platz nehmen und das Spiel der anderen Kinder beobachten. Sich daran zu beteiligen, ziehen sie erst in Erwägung, wenn sie das Spiel durchdringend verstanden haben.

Neurotypische Kinder hingegen neigen dazu, die Handlungen von Anderen so lange zu imitieren, bis sie genug Einsicht erlangt haben, um sich selbstständig beteiligen zu können. Autistische Kinder hingegen neigen dazu, eine Beteiligung so lange zu vermeiden, bis sie genug verstanden haben, um autark teilnehmen zu können.

Damit ein Mensch (egal ob neurotypisch oder autistisch) handeln kann, müssen vier Bedingungen erfüllt sein:

- Ganz grundsätzlich muss die Person ein Verständnis davon haben, dass sie Kontrolle über das eigene Schicksal hat.
- Sie muss in der Lage sein, ihre Wünsche und Ziele in eine Reihenfolge zu bringen, beziehungsweise in eine Hierarchie einzuordnen.
- Des Weiteren muss die Person in der Lage sein, einen Handlungsablauf zu erdenken, mit dem das priorisierte Ziel erreicht werden kann.
- Und abschließend wird ein Verständnis dafür benötigt, wann ein Ziel erreicht ist.

Da Neurotypiker mit einer Menge Intuition und Instinkten ausgestattet sind, stehen ihnen verschiedene Joker zur Verfügung, die sie einsetzen können, falls eine der oben genannten Bedingungen nicht erfüllt ist. Sie lassen ihr Bauchgefühl entscheiden oder imitieren etwas, das sie sich von anderen abgeschaut haben. Daraus hat sich die feststehende Redewendung ergeben »Souveränes Auftreten bei völliger Ahnungslosigkeit«. Für autistische Menschen funktioniert das so nicht. Wenn sie nicht wissen, was von ihnen erwartet wird, was sie als nächstes tun müssen beziehungsweise wie die Handlungskette in ihrer Gesamtheit aussieht, dann kommen sie entweder nicht in die Handlung oder hören nach kurzer Zeit wieder auf. Schauen wir uns die obig genannten Punkte einmal genauer an.

3.2.1 Kontrolle über das eigene Schicksal

In seiner Biographie »Buntschatten und Fledermäuse« beschreibt Axel Brauns an einer Stelle andere Menschen als Fledermäuse. Fledermäuse sind in der Regel in den Abendstunden oder der Nacht unterwegs. Fledermäuse sind kleine, wendige und sehr schnelle Flugwesen. Stellen Sie sich einmal vor, Sie würden aus dem Schlaf aufwachen. Statt in ihrem Bett, finden Sie sich auf einem Stuhl sitzend wieder, inmitten auf einer Wiese. Um Sie herum sind Bäume und Sträucher. Es ist Nacht, also dunkel. Um Sie herum schwirren Fledermäuse. Ihre Aufgabe ist es, mit den Fledermäusen in Kontakt zu treten. Wie würden Sie das erreichen?

Sie versuchen, mit den Fledermäusen zu sprechen. Allerdings können Sie kein Ultraschall sprechen, und die Fledermäuse verstehen Sie schlicht und ergreifend nicht. Sie stehen von Ihrem Stuhl auf und versuchen, mit den Fledermäusen zu laufen. Allerdings sind die Fledermäuse viel schneller als Sie und fliegen für Sie nicht nachvollziehbare Kurven und Schwenker.

Es gibt autistische Menschen, für die erscheint ihre Umwelt so wie in dem umschriebenen Beispiel. Sie erwachen in einer Umgebung, die auf sie willkürlich bis chaotisch wirkt. Das Verhalten anderer Menschen beziehungsweise die Regeln für eine bestimmte Situation können auf sie so fremdartig wirken, dass sie keinerlei Andockmöglichkeiten finden. In dieser Lage begreifen sie sich nicht als Schmied ihres eigenen Glückes, sie finden ja weder den Hammer noch den Amboss. Wenn ein Mensch aber nicht im Geringsten das Gefühl hat, sein eigenes Schicksal beeinflussen zu können, dann gibt es auch keine Motivation, um zu handeln.

Ein solches Gefühl muss nicht immer in jeden Lebensbereich hineinstrahlen. Ein gutes Beispiel hierfür ist selbstgewählter Mutismus. Wenn eine autistische Person zum Beispiel immer wieder die Erfahrung macht, dass sie sich beim Sprechen nicht gehört fühlt oder dass ihr durch Sprechakte immer wieder Demütigungen oder Herabsetzungen widerfahren, dann kann das soweit führen, dass diese Person für sich beschließt: Sprechen ist etwas, mit dem ich nichts Positives für mich erreichen kann. Im Gegenteil: Sprechakte führen dazu, dass ich mich schlecht fühle.

> **Beispiel**
> Stellen sie sich folgende Situation vor: Ein Paar hat einen autistischen Sohn. Nach der Geburt des Jungen ergeben sich viele Probleme, was schließlich dazu führt, dass der Vater die Mutter nach drei Jahren verlässt. Nachdem der Junge erst beginnt zu sprechen, stellt er das Sprechen mit fünf Jahren wieder ein. Die Mutter liebt ihren Jungen und

kümmert sich auch gut um ihn. Allerdings hadert sie auch sehr mit ihrem Schicksal. Während sie ihren Sohn mit allem Nötigen versorgt und auch liebevoll mit ihm umgeht, neigt sie dazu, in ihrer Sprache immer wieder Spitzen einzubauen. Der Junge, der sich eigentlich bei seiner Mutter sehr wohl fühlt und sie gerne mag, fühlt sich durch ihre Worte aber immer wieder unterbewusst verletzt. Er kann das alles noch nicht so genau für sich sortieren, er merkt nur immer wieder, dass Sprechen dazu führt, dass er sich nicht gut fühlt. Da die beiden einen regelmäßigen und gut strukturierten Tagesablauf haben, ist es für den Jungen gar nicht so oft notwendig, seine Bedürfnisse zu äußern und zu kommunizieren. Die Kosten-Nutzen-Rechnung fällt eindeutig aus.

Wenn Sie einen Klienten in einem Zustand vorfinden, in dem er lediglich auf Dinge, die um ihn herum passieren, reagiert, ohne dass er jemals selbst initiativ handelt, dann kann es sein, dass die Probleme nicht oder nicht nur in der Schule zu finden sind. Es ist davon auszugehen, dass der Klient bereits einige Misserfolge oder traumatische Situationen erlebt hat. Betrachten Sie daher auch, wie es diesem Klienten insgesamt geht:

- Wird der Klient zu Hause akzeptiert?
- Hat der Klient in der Woche auch Zeiten, in denen er zur Ruhe kommen darf?
- Hat der Klient Freizeitaktivitäten, in denen er sich ausleben kann und in denen er Kontrolle über die Situationen übernehmen kann und darf?
- Hat der Klient zu Hause einen Rückzugsbereich?
- Wird dem Klient Stimming untersagt?
- Ist es möglich, dem Klienten ein Erfolgserlebnis zu verschaffen, bei dem er zumindest das Gefühl hat, den Erfolg selbst verantwortet zu haben?

3.2.2 Wünsche beziehungsweise Ziele bewerten und sortieren

Dinge zu sortieren ist nicht immer ganz leicht. Ich bin dankbar, dass es in meinem lokalen Supermarkt nur eine Sorte Sahne gibt. Gäbe es mehr als eine Sorte von Sahne, dann müsste ich darüber nachdenken, welche Sahne für meinen Zweck optimal geeignet ist. Und das ist gar nicht so leicht. Zum Beispiel kann man das Preis-Mengenverhältnis linear ausdrücken. Wenn bei einem Hersteller 200 g Sahne 5 € kosten und beim anderen Hersteller 200 g Sahne 2 € kosten, dann ist ganz klar ersichtlich, dass der zweite Hersteller kostengünstiger ist. Aber wie zum Beispiel wägt man den Fettanteil gegenüber der Haltungsart ab? Wenn die eine Sahne mehr Eiweiß hat, die andere aber mehr Fett enthält, wie soll man das in Relation stellen? Und wenn man am Ende zehn verschiedene Merkmale hat, bei fünfen davon schneidet die eine Sahne besser ab, bei den anderen fünfen aber die andere Sahne, wie soll man das jetzt sinnvoll vergleichen?

Im obigen Beispiel ging es um Sahne. Komplexe Handlungen jedoch gehen einher mit komplexen Ergebnislagen. Somit kann die Bewertung und nachfolgende Sortierung noch einmal deutlich komplizierter werden. Das gilt nicht nur dabei, sich für eine Aktivität zu entscheiden, sondern auch um sich durch eine Handlungskette hindurch zu manövrieren. Dabei kommt man immer wieder an Weggabelungen, die erneute Entscheidungen erfordern.

Wenn Sie beobachten, dass der Klient immer wieder ins Stocken gerät oder sehr viel Zeit benötigt, um Entscheidungen zu treffen, dann sollten Sie versuchen, Bewertungskriterien und Skalen zu erarbeiten, die der Klient als Werkzeuge benutzen kann, um sich Situationen zu erschließen, schneller zu Bewertungen zu kommen und selbstständig entscheiden zu können. Wenn es für das Treffen einer Entscheidung notwendig ist, sich über die eigenen Gefühle beziehungsweise Gefühlszustände im Klaren zu sein, so kann das eine weitere Herausforderung bedeuten, denn das Erfassen und Verstehen der eigenen Gefühle kann unter Umständen sehr lange dauern. Möglicherweise helfen dann Kriterien zur Entscheidungsfällung gar nicht weiter. Stattdessen benötigt es eine Pufferzeit, damit der Klient sich seines Gefühlszustandes bewusst werden kann.

Wenn das Erkennen der eigenen Gefühle ein regelmäßig auftretendes Problem ist, dann ist es auch hier möglich zu unterstützen. Je nach Alter und kognitiven Fähigkeiten gibt es verschiedene Möglichkeiten, wie zum Beispiel Karten, die Figuren mit verschiedenen Gefühlsregungen zeigen, oder Bücher, in denen Tiere mit verschiedenen Gesichtsausdrücken zu sehen sind, die wiederum Gefühlszuständen zugeordnet sind. Grundsätzlich funktionieren diese Hilfen nach dem gleichen Prinzip. Die Gefühlsregungen werden auf einem Medium vereinfacht beziehungsweise überzeichnet dargestellt. Der Klient kann sich die Darstellungen anschauen und die heraussuchen, mit denen er sich gerade identifizieren kann.

3.2.3 Einen Handlungsablauf erdenken

Insbesondere, wenn partikuläre Erwartungshaltungen nicht klar sind, kann es geradezu unmöglich erscheinen, einen Handlungsablauf zu konzipieren, mit dem das gewählte Ziel erreicht werden kann.

> **Beispiel**
> Bei der Ausrichtung eines Events war es notwendig, mehrere Papierkärtchen auszuschneiden, die dann in einer Übersichtstabelle für Zeitabläufe platziert werden sollten. Zuvor mussten die Kärtchen auf Tonpapier aufgeklebt werden, um die benötigte Stabilität zu erreichen. Diese Aufgabe hatte ich an eine autistische Bekannte delegiert. Ich bemerkte, dass es ihr wichtig war, jedes Detail genau richtig zu machen. Das führte aber dazu, dass sie gar nicht anfangen konnte, aus Angst etwas falsch zu machen. Erst nachdem ich das erste Exemplar vor ihren Augen und mit ausführlichen Erläuterungen hergestellt hatte, sah sie sich in der Lage, für sich selbst den Handlungsablauf zu konzipieren, mit dem sie diese Tätigkeit ebenfalls durchführen konnte.

Wenn Ihr Klient Schwierigkeiten hat, sich einen Handlungsablauf für eine bestimmte Tätigkeit zu erdenken, versuchen Sie diesen Handlungsablauf Schritt für Schritt durchzugehen. Geben Sie dem Klienten die Möglichkeit, jede einzelne Unwägbarkeit zu diskutieren und Antworten auf sämtliche offene Fragen zu finden. Bei sehr vielen Einzelheiten kann es sinnvoll sein, diese Punkte schriftlich beziehungsweise visuell zu fixieren. Wenn es sich um regelmäßig wiederkehrende Abläufe handelt, die aber nicht häufig genug passieren, als das der Klient den Ablauf auswendig lernen könnte, dann kann es sinnvoll sein, je nach Klient und Alter, eine Visualisierung herzustellen, auf der die einzelnen Schritte abgebildet sind. Hierfür kann man zum Beispiel ein Piktogramm im Stile von TEACCH verwenden, es kann aber auch ein Flowchart oder eine Stichpunktliste sein. Ausführlichere Erläuterungen von konkreten Techniken für diesen Fall finden sich in den Kapiteln »Kommunikationsebenen etablieren« und »Strukturierung«.

3.2.4 Wann ist das Ziel erreicht?

Wenn eine Handlung absolviert und damit ein Ziel erreicht wird, muss das deutlich spürbar sein. Nichts ist schlimmer, als in der Ungewissheit zu verbleiben, ob das Vollbrachte die gesetzten Erwartungen erfüllt. Wenn die

Person kein deutliches Feedback erhält, kann es sein, dass sie in der Anspannung verweilt, die das Ausführen der Tätigkeit mit sich gebracht hat. Das ist in der akuten Situation sehr kräftezehrend, es hat aber auch langfristige Folgen. Der größte Erfolg kann spurlos an einer autistischen Person vorbeigehen, wenn sie nicht versteht, dass sie erfolgreich war. Unsere Gehirne (egal ob neurotypisch oder autistisch) sind darauf programmiert, schlechte Dinge deutlicher wahrzunehmen als gute Dinge. So kann es sein, dass eine autistische Person sich zwar an die unangenehmen Aspekte einer Aufgabe erinnert (die Anstrengung, die Ungewissheit, die Anspannung), nicht aber an den eigentlichen Erfolg, die Aufgabe erfolgreich zu bewältigen. Einen Erfolg zu internalisieren und wirklich zu spüren, kann etwas sein, für das eine autistische Person Begleitung und Anleitung benötigt. Wie alle anderen Gefühle können auch Erfolgsgefühle erst mit einiger Verzögerung ankommen.

Wenn der Klient große Schwierigkeiten damit hat, sich an Erfolgen zu erfreuen und er insgesamt ein sehr schlechtes Selbstbild hat, bietet es sich an, Rituale zu entwerfen, mit denen Erfolge gefeiert werden können. Das können Kleinigkeiten sein, wie zum Beispiel einen Smiley unter eine gut erledigte Schulaufgabe oder eine gute Klausur zu kleben. Eventuell ist aber auch ein Gespräch mit dem Klienten über seinen Erfolg des Klienten sinnvoll, um in diesem Gespräch wiederholt sachlich darzulegen, warum der Erfolg ein Erfolg ist. Eine andere Variante ist, ein Lob aufzuschreiben und abzuheften, damit es wiederholt betrachtet und verinnerlicht werden kann.

3.3   Erwartungskonflikte

Zwischenmenschliche Beziehungen basieren auf Erwartungen. Eine harmonische Beziehung zwischen zwei Menschen ist eine, in der die Erwartungen, die die beiden beteiligten Personen aneinander haben, regelmäßig und ausreichend befriedigt werden. In der Regel verändern sich diese Erwartungen mit der Zeit. Damit eine Beziehung langfristig harmonisch verlaufen kann, ist es notwendig, diese veränderten Erwartungen zu kommunizieren. Die Art und Weise, wie dies gehandhabt wird, unterscheidet sich in der neurotypischen und der autistischen Kultur, was immer wieder zu großen Verwerfungen führen kann. Der Erwartungskonflikt ist eine Art von Konflikt, der sich subtil über längere Zeit aufbaut, aber dann sehr plötzlich zu sehr intensiven Streits führen kann, die das Potential haben, Beziehungen dauerhaft zu zerstören.

Für soziale Interaktionen können neurotypischen Menschen auf mehrere Werkzeuge zurückgreifen. Sie können versuchen, sich Verhalten analytisch zu erschließen, sie können es erfühlen, ihnen steht aber auch Intuition als relativ verlässliches Werkzeug zur Verfügung. Dabei kann Intuition als Joker verwendet werden, der eingesetzt wird, um eine Situation zu überbrücken, in der die neurotypische Person nicht genau weiß, wie ein Verhalten zu verstehen ist oder wie zu reagieren ist.

Autistische Personen können sich nur sehr bedingt auf ihre Intuition und ihre Gefühle verlassen, um soziale Interaktion zu bewältigen. Sie sind vor allem darauf angewiesen, sich diese analytisch zu erschließen. Das ist nicht immer ganz leicht. Gewisse Regeln der sozialen Interaktion werden von Neurotypikerinnen einfach nicht explizit erläutert. Das kann so weit gehen, dass die Neurotypikerinnen Aspekte ihres eigenen Verhaltens weder verstehen noch erklären können und das auch nicht benötigen, weil Intuition ihnen ausreicht, um die Lücken zu überbrücken. Für autistische Personen ist das in der Regel keine Option. Um sicher handeln zu können, müssen sie einen gewissen Überblick darüber haben, welche verschiedenen Ergebnisse sich aus einer bestimmten Situation ergeben könnten, welche Interaktionen im Bereich des Akzeptablen liegen und was von ihnen erwartet wird. Wenn dieses Verständnis nicht vorliegt, können sie sehr große Schwierigkeiten haben zu handeln.

Ein typisches Verhaltensmuster ist es, in einer neuen Situation erst einmal »an der Seitenlinie« zu verharren und die Situation so lange zu beobachten, bis einige grundlegende Mechanismen verstanden wurden. Erst dann wird versucht, selbst aktiv zu werden. Dabei gehen autistische Menschen analytisch vor. Wenn die Analyse abgeschlossen ist, wird für eine bestimmte Situation ein Verhaltensprotokoll erstellt. Anschließend wird das Verhaltensprotokoll in der Situation performt. Wenn das dazu führt, dass die anderen beteiligten Personen mit Wohlwollen reagieren, so ist diese Art von Verhalten offensichtlich richtig und bedient die gestellten Erwartungen. Daraufhin wird dieses Verhaltensprotokoll abgespeichert und in Zukunft in der zugehörigen Situation rigide verfolgt.

Es vergeht Zeit.

Sowohl die Situation als auch die Erwartungshaltung der beteiligten Personen entwickelt sich langsam, aber stetig fort. Das wird allerdings seitens der Neurotypikerinnen in der Regel sehr subtil kommuniziert. Es wird zum Beispiel vorsichtig in eine bestimmte Richtung eingeladen oder es wird leichte Abneigung gegenüber einer bestimmten Sache ausgedrückt.

Zuerst einmal wird unsere autistische Person diese Veränderungen nicht bemerken. Nach einer Weile kann es sein, dass ihr auffällt, dass die eigene Strategie nicht mehr so gute Ergebnisse produziert. Daraufhin werden große Mühen unternommen, um das ursprünglich entworfene Verhaltensprotokoll noch rigider zu verfolgen. Diese zusätzlichen Mühen können negative Seiteneffekte haben. Die zusätzliche Mühe führt zu Stress und Erschöpfung. Diese beiden Dinge wiederum bedingen, dass jetzt andere Aspekte von Sozialverhalten weniger gut performt werden, zum Beispiel Höflichkeit, Rücksichtnahme etc. Das heißt, dass die autistische Person in Folge des Versuches, den spezifischen Erwartungen der Situation gerecht zu werden, den allgemeinen und basalen Erwartungen weniger gerecht werden kann. Die allgemeine Frustration aller Beteiligten nimmt zu.

Irgendwann kommt es dazu, dass die autistische Person sehr offen und direkt mit dieser Frustration konfrontiert wird, zum Beispiel könnte der Satz fallen: »So kann es nicht weitergehen.« Es steht in Aussicht, dass die autistische Person in Zukunft von der Situation ausgeschlossen wird. Für die autistische Person fühlt es sich so an, als würden all die Mühen, die sie betrieben hat, um in der Situation den Erwartungen der anderen Beteiligten gerecht zu werden, weder gesehen noch wertgeschätzt. Nicht selten entlädt sich eine solche Konstellation in einem heftigen Streit, der zur Folge haben kann, dass Freundschaften in die Brüche gehen oder die autistische Person aus einer Gruppenaktivität oder ähnlichem dauerhaft ausgeschlossen wird.

Beispiel

Anna ist ein elfjähriges Mädchen. Sie besucht an ihrer Schule die Ballett AG. Die AG wird von Fr. Meyer geleitet. In ihrer ersten Ballettstunde hat Anna gar nicht mitgemacht, sondern nur zugeschaut. Das war eine große Ausnahme, normalerweise müssen alle Kinder ab der ersten Stunde mitmachen. Fr. Meyer hat hier einmal ein Auge zugedrückt.

In den ersten Wochen sind im Ballettunterricht zunächst einzelne Übungen an der Reihe. Die Kinder tanzen noch nicht zusammen, sondern üben einzelne Bewegungen und Posen in einem Kreis. Anna braucht oft ein bisschen länger, um die Bewegungsabläufe nachvollziehen zu können. Der Ballettunterricht macht ihr aber dennoch viel Spaß und sie ist sehr engagiert bei der Sache. Ihre Mutter bemerkt, dass Anna auch regelmäßig zu Hause Ballettübungen macht.

3 Ursachen

Die anderen Kinder im Ballettunterricht haben bemerkt, dass Anna immer etwas länger braucht, und meiden deshalb den Kontakt zu ihr. Es ist nicht so, dass Anna gemobbt oder fertiggemacht wird. Die Kinder meiden sie nicht, um gemein zu ihr zu sein. Sie haben lediglich den Ehrgeiz, zu den Besten in der Gruppe zu gehören und distanzieren sich deshalb von Anna. Anna hat allerdings noch nicht so einen guten Riecher für Dynamiken innerhalb sozialer Gruppen, deshalb bemerkt sie das nicht. Sie ist sich bewusst, dass sie immer etwas länger braucht, aber sie kommt auch zum Ziel. Diese Gewissheit reicht ihr aus.

Nach einigen Wochen geht es allerdings los, dass auch Gruppenchoreographien eingeübt werden. Für Anna ist das eine Überraschung. Es ist nicht so, dass ihr nicht bekannt wäre, dass im Ballett in Gruppen getanzt würde. Allerdings hat sie sich im bisherigen Ablauf der Ballettstunden gut eingerichtet und schlicht nicht darüber nachgedacht, dass dieser Ablauf sich nach einiger Zeit radikal verändern könnte. Es wird auch zu keiner Zeit während den Stunden darüber geredet, warum die Stunden jetzt nach einer ganz anderen Struktur ablaufen. Es gibt keinerlei Erklärungen, insbesondere werden die neuen Erwartungen an das Verhalten der Schülerinnen nicht erläutert.

Anna tut sich schwer damit, neue Bewegungsabläufe zusammen mit anderen Kindern zu erlernen. Vor allem am Anfang, wenn die Abläufe ganz neu sind, ist sie erst einmal sehr tollpatschig. Sie kollidiert öfters mit anderen Mitgliedern ihrer Gruppe. In den Gruppen mit Anna ist stets etwas mehr Unruhe. An einem Tage geht es soweit, dass ein Mädchen nach einer Weile nicht mehr an ihrer Gruppe teilnehmen möchte, weil sie von Anna genervt ist.

Für Anna ist die ganze Situation sehr verwirrend. Sie spürt, dass sie zunehmend schlechter zurechtkommt. Allerdings kann sie die Ursache dafür nicht ausmachen. Verzweifelt klammert sie sich an das Verhalten, das sie sich in den ersten Ballettstunden angewöhnt hat. Sie versucht, ihre Bewegungsabläufe möglichst gut zu verinnerlichen und abzuspulen. Dadurch ist sie noch weniger in der Lage, auf ihre Mitstreiterinnen einzugehen. Außerdem wirkt Anna jetzt häufiger abwesend oder ist nicht gut anzusprechen, weil sie versucht, sich stärker zu konzentrieren. Wenn sie sich in ihren Konzentrationsversuchen gestört fühlt, dann reagiert sie mit schnippischen Bemerkungen. Die anderen Kinder reagieren wiederum genervt oder fühlen sich zurückgewiesen. Anna isoliert sich mit ihrem Verhalten immer weiter.

Auch Fr. Meyers Wahrnehmung auf Anna beginnt, sich zu verändern. Zu Anfang nahm Fr. Meyer Anna als ein schüchternes und nicht sonderlich geschicktes, aber liebenswertes Mädchen war. Gerne hat sie etwas zusätzliche Mühe investiert, damit Anna in der Gruppe besser zurechtkommt. Fr. Meyers Erwartungshaltung war, dass die zusätzliche anfängliche Mühe dazu führen würde, dass Anna irgendwann selbstständig zurechtkämme. Nun ist es aber anders gekommen. Anna hat nicht an Selbstständigkeit dazu gewinnen können, sondern kommt jetzt sogar noch schlechter zurecht als am Anfang. Fr. Meyer ist enttäuscht von diesem Resultat. Sie war einst selbst eine Ballerina und konnte mittlere Erfolge verzeichnen. Ihre Rolle als Ballettlehrerin ist Teil ihrer Identität und sie ist gerne eine gute Lehrerin. Bei Anna jedoch kommt sie an ihre Grenzen, was auch ein wenig an ihrem Stolz als Lehrerin kratzt.

Eines Tages kommt es während einer Gruppenübung zu einem Streit zwischen Anna und einer anderen Teilnehmerin. Anna hat keine Lust mehr, sich ständig gemeine Kommentare anzuhören und wehrt sich ebenfalls mit ziemlich gemeinen Kommentaren. Fr. Meyer kommt hinzu. Aus ihrer Perspektive ergibt sich folgendes Bild: Anna, die Schülerin, auf die oft Rücksicht genommen werden muss, fängt jetzt auch noch Streit mit anderen Schülerinnen an, die im Ballett viel besser sind. Sie versucht, Anna in die Schranken zu weisen. Allerdings ist Anna gerade so richtig in Fahrt. Anstatt sich unterzuordnen, beschwert sie sich noch lauter über das unfaire Verhalten der anderen Schülerinnen und von Fr. Meyer. Dies ist für Fr. Meyer ein ziemlicher Affront. Sie hat ja schon seit ein paar Wochen immer Rücksicht auf Anna genommen und zusätzliche Mühen unternommen, damit Anna zurechtkommt. Sich jetzt auch noch anmaulen zu lassen, das gefällt ihr überhaupt nicht.

Es passt außerdem überhaupt nicht in ihre Vorstellung davon, wie Ballettunterricht zu funktionieren hat. Sie sagt Anna, dass die beiden einmal ein ernstes Wörtchen miteinander reden müssten und schickt sie vor Ende der Stunde nach Hause. Für Anna bricht eine Welt zusammen. Sie versteht überhaupt nicht, warum sie bestraft wird. Sie versteht auch nicht, warum es in Ordnung ist, dass die anderen Kinder so gemein zu ihr sind. Sie weiß nur, dass sie gerne Ballett macht und gerne weiter am Unterricht teilnehmen würde. Andererseits ist sie sehr verwirrt und verunsichert. Sie weiß nicht mehr, wie sie sich in der Ballettstunde verhalten soll.

3.4 Autismus und Lernen

Autistische Menschen bringen einige Eigenschaften mit sich, die sie zu guten Lernern machen: eine starke Gedächtnisleistung, eine hohe Plastizität des Gehirns und eine gesteigerte Aufmerksamkeit für Details sind hilfreich, um sich neue Themen zu erschließen. Leider können aber alle möglichen anderen Faktoren einen guten Lernerfolg verhindern. Dieses Kapitel soll einige Besonderheiten von autistischen Menschen in Bezug auf Lernen beleuchten, damit Schwächen umschifft und Stärken genutzt werden können.

3.4.1 Lernstile

Lernstile sind keine spezifisch autistische Eigenschaft. Der Begriff entstammt der Kognitiven Psychologie und Didaktik. Jeder Mensch hat einen eigenen Lernstil, das heißt eine bevorzugte Art, Informationen aufzunehmen und zu verarbeiten. Die Forschung in diesem Bereich wurde vor allem von David Kolb[4] und Jan Vermunt vorangetrieben.

Ein Fach, dass sich gut eignet, um die Problematik rund um Lernstile zu verdeutlichen, ist die Mathematik. Es gibt eine Menge Mathematiklehrkräfte, die unheimlich gut rechnen können. Und dennoch stehen sie vor einer Klasse, die überhaupt nichts versteht. Es ist ein großer Unterschied, ob man selbst gut rechnen kann, oder ob man in der Lage ist, anderen Menschen zu vermitteln, wie man rechnet. Dabei bietet die Mathematik einen Haufen verschiedener Kodierungen: bei regulärer Algebra sind es Zahlen und Operatoren, die ein eigener Geheimcode sind. Später kommen noch Variablen in Form von griechischen Buchstaben hinzu. Das Konzept von Variablen ist vielen Kindern ein Gräuel, zusätzlich werden auch noch völlig fremdartige Schriftzeichen verwendet. Die Geometrie ist ein weiteres Themenfeld, was ebenfalls mit einer ganz eigenen Art daherkommt, Bedeutungen zu codieren und abzubilden.

Mathematik, in der Art wie sie an einer durchschnittlichen Schule in Deutschland gelehrt wird, ist gut zugänglich für Kinder, die ein gutes logisch-analytisches Grundverständnis mitbringen und intuitiv gut mit den

---

[4] Siehe z. B.: arbowis.ch – Lernstile nach David Kolb, Zugriff am 01.01.2022 unter: https://arbowis.ch/index.php?option=com_content&view=article&id=175:lernstile&catid=83&Itemid=115

obig erwähnten Codecs umgehen können. Alle anderen Kinder haben mit dem Fach Schwierigkeiten oder bleiben auf der Strecke. Dabei müsste das gar nicht so sein. Als Beispiel soll einmal die Einführung der negativen Zahlen genannt werden. Kinder lernen erst einmal mit natürlichen Zahlen zu rechnen. Irgendwann werden dann die negativen Zahlen eingeführt. In der Nachhilfe hatte ich es regelmäßig mit Kindern zu tun, die sich unter einer negativen Zahl einfach nichts vorstellen konnten und deswegen immer wieder beim Rechnen mit diesen Zahlen durcheinander gekommen sind. Etwas, was aber jedes Kind versteht ist, sich etwas ausleihen beziehungsweise Schulden machen. Wenn ich mir heute 5,- € von einer Freundin leihe, dann muss ich morgen 5,- € zurückgeben. Wenn ich 5,- € Schulden habe und mir erneut 5,- € leihe, dann habe ich 10,- € Schulden. Dieser Ansatz ist viel leichter nachzuvollziehen, als wenn ein Lehrer -5 + -5 = -10 an die Tafel schreibt und es auch nicht weiter erklärt.

Mit diesem Beispiel möchte ich verdeutlichen, dass Menschen sich von Dingen und Sachverhalten einen Begriff bilden müssen, der ihren eigenen Denkstrukturen entspricht, damit sie in Zukunft souverän damit umgehen können. Alles andere ist nicht Verstehen, sondern lediglich Auswendiglernen. Bei autistischen Menschen kann der Korridor, über den sie neues Wissen aufnehmen können, sehr partikulär sein.

Es gibt verschiedene Konzepte, um Lernstile zu definieren. Ich halte eine Einteilung in vier grundsätzliche Bereiche für sinnvoll. Die Sinnesorgane, die wir vornehmlich zur Kommunikation verwenden, sind unsere Augen, um zu sehen, unsere Ohren, um zu hören und unsere Hände beziehungsweise unser Körper, um zu berühren. Diese drei Werkzeuge verwenden wir, um uns Begriffe zu bilden, die wir dann in unseren Gehirnen ablegen. Deshalb soll es noch eine vierte Kategorie geben, das ist die Ebene, auf der nicht Gehörtes, Gesehenes oder Gefühltes in abstrakte Begriffe übersetzt wird, sondern auf der direkt mit diesen Begriffen interagiert wird.

Akustische Lerner

Akustische Lerner können sehr gut zuhören. Die Sprache der Lehrkraft reicht aus, um daraus Begriffe zu bilden. Es ist allerdings wichtig, dass die Stimme, der zugehört werden soll, der akustische Reiz ist, dem am besten gefolgt werden kann. Das heißt, die Informationsquelle sollte lauter sein als andere Geräuschquellen. Akustische Lerner kann man sehr leicht mit Störgeräuschen verwirren und aus der Ruhe bringen. Für autistische akustische Lerner ist es besonders schlimm, wenn die Geräuschquelle, auf die sich zu konzentrieren versucht wird, immer wieder von einer anderen Geräuschquelle übertönt wird. Außerdem ist es wichtig, dass die Geräuschquelle ohne Unterbrechung durchläuft. Ein Audiostream, der hakt oder ruckelt, ist eine große Herausforderung.

Wenn ein Wort nicht verstanden wurde, kann das ausreichen, um das Verständnis des ganzen Satzes ins Wanken zu bringen. In der Zeit, in der darüber nachgedacht werden muss, welches Wort es war, dass nicht richtig verstanden wurde, gehen weitere Wörter verloren, weil jetzt die Aufmerksamkeit beim Deuten des nicht richtig verstanden Wortes liegt und nicht mehr beim Zuhören. Deshalb ist es sehr wichtig, dass die akustischen übermittelten Informationen nicht zu schnell, aber auch nicht zu langsam vermittelt werden.

Eine Schwäche von akustischen Lernern kann es sein, große Mengen von Wissen mit vielen Details zu verinnerlichen, weil ihnen klassische Methoden, Wissen zu konservieren, bspw. aufzuschreiben, nicht sonderlich liegen. Stattdessen können Informationen zum Beispiel aufgearbeitet werden als Reim, Gedicht, Redewendung, Rap oder Lied, um sie zu verinnerlichen. Also Dinge, die man immer wieder aufsagen, singen oder summen kann. Autistischen Personen, die akustische Lerner sind, werden vermehrt dazu neigen, ihren Blick abzuwenden oder in die Ferne zu schauen, um visuelle Ablenkung zu minimieren, was gegebenenfalls dem Umfeld erläutert werden muss. Ein weiterer wichtiger Aspekt ist die Frequenz, in der Information vermittelt wird. Wenn zum Beispiel eine Person sehr ausschweifend spricht und viele Worthülsen verwendet, so dass der eigentliche Inhalt immer nur tröpfchenweise daherkommt, kann es sehr herausfordernd sein, einer solchen Person längere Zeit zuzuhören. Allerdings sind auch hier die Bedürfnisse individuell unterschiedlich.

Kinästhetisch-haptische Lerner

Kinästhetik ist die Lehre von der Bewegungsempfindung und Haptik ist das Gefühl beim Ertasten von Materialien oder Gegenständen. Kinästhetisch-haptische Lerner erschließen sich Dinge, indem sie sie berühren, bewegen, manipulieren und ausprobieren. Es gibt einen wunderbaren TED Talk von Sir Ken Robinson über die Frage, ob Schulen die Kreativität unserer Kinder töten (Robinson, 2006). In diesem Talk erzählt er unter anderem von der Geschichte der weltberühmten Ballerina Gillian Lynne. Sie konnte sich in der Schule nur sehr schlecht konzentrieren, weswegen sie zu einem Psychiater geschickt wurde. Zum Glück erkannte der Psychiater das Talent der jungen Gillian und riet der Mutter, sie auf eine Tanzschule zu schicken.

Lynne wird mit folgenden Worten zitiert: »Ich kann gar nicht in Worte fassen, wie großartig das war. Wir betraten diesen Raum und er war voller Menschen, die wie ich waren. Menschen, die nicht still sitzen konnten, Menschen, die sich bewegen mussten, um denken zu können.« (Robinson, 2006, Übersetzung des Autors)

Kinästhetisch-haptische Lerner mögen Experimente. Eine andere Art, sie beim Lernen zu unterstützen, ist, Beispiele oder Aufgaben haptisch erfahrbar zu machen und mit haptischem Erleben anzureichern. Ein Rechenschieber ist zum Beispiel eine sehr gute Möglichkeit, um Rechnen haptisch erfahrbar zu machen. Ein Beispiel für Vokabellernen wäre, bei jeder Vokabelfrage der Klientin einen Ball zuzuwerfen, den sie nach Beantworten der Frage wieder zurückwirft. Das Werfen des Balls ist zwar nicht mit dem eigentlichen Lerninhalt verknüpft, aber das anstrengende Auswendiglernen wird mit einer Tätigkeit kombiniert, die dem Naturell der Person besser entspricht. Dies ist auch eine Form von Stimming.

Visuelle Lerner

Visuelle Lerner denken in Bildern. Für sie ist es hilfreich, wenn Informationen graphisch aufbereitet werden, zum Beispiel in Form von Schaubildern, Karten, Tabellen, Graphen, Flow Charts oder Mind Maps. Videos funktionieren ebenfalls sehr gut. Da sehr viele autistische Menschen dazu neigen, in Bildern zu denken, sind auch sehr viele von ihnen empfänglich für visuelle Unterstützung, wie zum Beispiel die aus TEACCH bekannten Bildstrecken, aber ebenfalls Comic Strip Conversations und Social Stories. Bei der Schulbegleitung von visuelle denkenden Menschen lohnt es sich, immer einen Block, einen Bleistift sowie farbige Stifte und Textmarker dabei zu haben, damit man kurzfristig Unterrichtsinhalte visuell strukturieren kann.

Abstrakte Lerner

Während die ersten drei Typen definiert sind durch die Sensorik, mit der sie Informationen bevorzugt aufnehmen, ist diese beim vierten Typ nicht ausschlaggebend. Anstatt sich über die bevorzugte Sensorik Begriffe zu bilden, setzt dieser Typus sich mit Dingen am liebsten auf abstrakter Ebene auseinander, das heißt durch das Lesen von Texten. Begrifflichkeiten werden entweder dem Text entnommen oder mittels Erkenntnissen aus dem Text gebildet.

Die meisten Menschen, egal ob neurotypische oder autistische, sind nicht zu 100% auf einen Lernstil festgelegt, sondern vereinen Aspekte von verschiedenen Lernstilen in sich. In herausfordernden Situationen mit schwierigem Stoff kann sich der Lernkorridor aber ziemlich stark verengen. Um beim Lernen gut unterstützen zu können, macht es also Sinn, sich damit auseinanderzusetzen, welche Art zu lernen dem eigenen Klienten am meisten liegt.

3.4.2 Dyslexie und Dyskalkulie

Sowohl Dyslexie als auch Dyskalkulie treten gehäuft in Kombination mit Autismus auf. Normalerweise ist die Ursache hierfür entweder eine angeborene oder eine erworbene Schädigung des für das Lesen beziehungsweise Rechnen zuständigen Gehirnareals. Wenn bei einer autistischen Person Symptomatiken einer Dyslexie oder Dyskalkulie vorliegen, sollte aber genauer hingeschaut werden, ob es wirklich an einer Schädigung des entsprechenden Gehirnareals liegt oder ob es schlicht noch nicht gelungen ist, dass Thema Lesen und Schreiben beziehungsweise Zahlen und Rechnen auf eine Art und Weise zu vermitteln, die für die Person zugänglich ist. Für einen kinästhetisch-haptischen Lerner kann es zum Beispiel notwendig sein, Buchstaben zu tanzen, bevor er eine Beziehung dazu aufbauen kann. Bei einem akustischen Lerner kann es hilfreich sein, Zahlen rhythmisch zu zählen. So ähnlich wie beim Phänomen Mutismus können auch bei diesen Phänomenen frustrierende Erfahrungen oder ein abweichendes sensorisches Erleben die Ursache sein. In der Regel obliegen diese Einschätzungen nicht der Schulbegleitung. Allerdings können Erfahrungen aus dem Schulalltag an entsprechende Experten weitergegeben werden, um anzustoßen, diese Einschätzungen nochmals zu hinterfragen.

3.4.3 Regelbasiertes Denken und Kausalketten

Regeln sind ein zentrales Element in der Art, wie autistische Menschen sich die Welt erschließen. Autistische Menschen fühlen sich wohl, wenn sie sich in einer Umgebung befinden, in der Dinge vorhersehbar und gut strukturiert sind. Regeln sind die Ziegel, aus denen eine solche Umgebung erbaut wird. Dinge werden vorhersehbar, wenn sie regelmäßig geschehen. Struktur entsteht, weil es Regeln gibt, die bestimmen, was wann wohin gehört. Kausalketten, also Verkettungen von Ursachen und Wirkungen, erzeugen größere Zusammenhänge, in denen diese Regeln passieren. Über Kausalketten kann man gut abbilden, welche Verhaltensweisen zu welchen Zielen führen und welche Regeln dabei zu beachten sind.

In der Schulbegleitung lässt sich diese Affinität auf zwei Arten nutzen. Beim Strukturieren von Unterrichtsstoff kann das Augenmerk immer wieder auf die darin auftauchenden Regeln und Muster gelegt werden. Aufgabenstellungen und Verfahren können als eine Kette von Abläufen dargestellt werden (erst A, dann B und das führt dann zu C etc.).

Das Vermitteln von sozialen Regeln und Verhalten kann ebenfalls leichter gelingen, wenn die Regeln und deren Sinnhaftigkeit in Zusammenhang mit Kausalitäten vermittelt werden. Zum Beispiel kann einem Klienten, der sich weigert, eine Regel zu befolgen, die er für sich selbst nicht als sinnvoll empfindet («Ich kann das aber schon ohne!»), vorgerechnet werden, dass bei 25 Kindern mindestens 30% das nicht ohne können und es den Lehrer überfordern würde, wenn er auf jedes Kind einzeln eingehen müsste. Dieses Prinzip wird im folgenden Kapitel mit Praxisrezepten unter anderem in den Social Stories aufgegriffen, die als Medium zur Reflektion genutzt werden können.

3.4.4 Das richtige Format

Es gibt eine Anekdote über den Komponisten Johann Sebastian Bach, in der davon berichtet wird, wie seine Kinder ihm gerne einen bestimmten Streich spielten. Abends, wenn Bach sich gerade zu Bett begeben hatte, ging eines seiner Kinder daher und begann eine seiner Sonaten zu spielen. Dabei spielte das Kind die gesamte Sonate, bis auf den Schlussakkord. Für den armen Bach war diese Unvollkommenheit so unerträglich, dass er wieder aufstehen musste, zum Klavier herunterging und wütend den letzten Akkord in die Tasten haute, bevor er sich wieder ins Bett legen konnte.

Mit dem Lernen ist es bei autistischen Menschen ähnlich. Ein bestimmtes Thema oder ein bestimmter Aspekt eines Themas muss in seiner Gesamtheit erfasst werden. Dementsprechend müssen die Lerneinheiten für autistische Menschen beschaffen sein. Wenn lediglich ein paar Einzelheiten aus einem Gesamtzusammenhang präsentiert werden, die sich nicht verknüpfen lassen, dann werden diese Dinge sehr schnell wieder vergessen. Guter Lernerfolg stellt sich hingegen ein, wenn eine Sache in der Gesamtheit erfasst werden kann.

Bei langen Lerneinheiten kann es sein, dass der Schüler aussteigt, bevor die Konklusion erreicht ist. Ohne Konklusion beziehungsweise Gesamtüberblick gibt es kein Ergebnis und folglich keinen Lernerfolg. Gespeichert wird allerdings die negative Erfahrung mit dem Thema. Mit Einzelaspekten konfrontiert zu werden, die sich nicht in einen größeren Gesamtkontext einsortieren lassen, ist eine anstrengende Erfahrung, die auch zu Verunsicherung und Ängsten führen kann. Wenn dies bei demselben Thema wiederholt passiert, kann das zu einer Art Abwärtsspirale führen, bei der die Überforderung mit jeder weiteren Auseinandersetzung mit dem Thema wächst, bis hin zu einer Totalverweigerung nach dem Motto: »Ich kann das eh nicht!«

Veränderung ist anstrengend

Das Erlernen von neuem Wissen oder neuen Fertigkeiten ist Veränderung. Das Verarbeiten von Veränderung kostet viel Kraft. Veränderung wirkt destabilisierend. Zu viel neues Wissen beziehungsweise Veränderung erzeugt eine permanente Überanstrengung und Unwohlsein. Wenn zu viel Veränderung stattfindet, dann kann das zu einem Ausbrennen führen. Das kann dann zum Beispiel so aussehen, dass ein Schüler, der in den frühen Schulstunden sehr konzentriert bei der Sache ist, nach der vierten Stunde anfängt, massiv abzubauen und in der sechsten Stunde mit nervösen Ticks oder herausforderndem Verhalten den Unterricht stört. Damit das passiert muss die Anstrengung im Übrigen nicht mit etwas Negativem verknüpft sein. Auch positive Stimulierung kann sehr anstrengend und kräftezehrend sein. Bei Dingen, die autistische Menschen gerne tun, kann es genauso zu Überreizung kommen wie bei unangenehmen Ereignissen. Ein angemessenes Kräftemanagement ist daher immer notwendig. Es werden Pausen und Regenerationsphasen benötigt. Personen, die dazu noch nicht selbstständig in der Lage sind, muss entsprechende Unterstützung angeboten werden.

Das Magnesiumgleichnis

Magnesium ist ein Metall, das bei unheimlich hohen Temperaturen verbrennt, nämlich bei bis zu 3000°C. Lernen, insbesondere wenn es um größere Brocken geht, kann sich für autistische Menschen anfühlen, als würde man zwei Magnesiumfackeln in den Händen halten, die sich entzünden und die Hände bis auf die Armstümpfe hinab verbrennen. Die Flamme verlischt, die Person sinkt am Boden zusammen in totaler Erschöpfung. Die Hände wachsen langsam nach. Die Person, die sich dann vom Boden erhebt, ist wie neugeboren. Das gewählte Bildnis ist sicherlich extrem, aber es soll verdeutlichen, dass Dinge, die von außen überhaupt nicht zu erkennen sind, innerlich unheimlich viel Kraft kosten können. Dabei ist dieses

Kraft-kosten aber wie gesagt nicht zwangsläufig als etwas Negatives zu betrachten. Es ist jedoch etwas, das nicht vergessen werden darf. Wer sich großen Anstrengungen aussetzt, braucht ausreichend Erholung.

Negative Erfahrungen können zu Blockaden führen

Autistische Menschen haben ein holistisches Gedächtnis. Bei signifikanten Erlebnissen speichern sie ebenfalls ab, wie sie sich dabei gefühlt haben. Wenn diese Erinnerungen wieder abgerufen werden, dann kommen auch die dabei empfundenen Emotionen wieder hoch. Das ist auf keinen Fall zu unterschätzen. Die Erinnerung an ein sehr schmerzhaftes Erlebnis kann unmittelbar einen Overload oder Schlimmeres auslösen.

Diese Zusammenhänge spielen natürlich auch in Lernsituationen eine Rolle. Beispiel: Eine autistische Schülerin rechnet eine Aufgabe an der Tafel vor. Obwohl sie die Aufgabe richtig vorrechnet (oder vielleicht auch gerade deswegen), lässt ein anderer Schüler einen gehässigen Spruch ab. Die ganze Klasse lacht über das Mädchen. Fortan löst dieser Aufgabentypus bei ihr ein Gefühl von Unbehagen aus, auch wenn sie diese Aufgaben an ihrem Tisch erledigt. Auch kommt es für das Mädchen nicht mehr in Frage, an der Tafel Aufgaben vorzurechnen. Allein die Vorstellung, an die Tafel zu gehen, ruft die Erinnerung an die Demütigung durch das Auslachen hervor und erzeugt eine so hohe Nervosität, dass Rechnen oder gar an die Tafel schreiben nicht mehr möglich sind.

4

Exkurse für die alltägliche Praxis

4.1 Drei grundsätzliche Bereiche

Grundsätzlich lässt sich die Schulbegleitung in drei Bereiche gliedern. Unter der Naharbeit ist die unmittelbare Arbeit mit der Klientin zu verstehen. Unter Umgebungsarbeit ist die Arbeit mit der Umgebung sowie mit den Schülerinnen und Lehrerinnen zu verstehen. Unter Netzwerken ist die Dokumentation der eigenen Arbeit und das Verteilen von Informationen an die Eltern, die Schule, die Autismustherapeutin und die eigene Leitung zu verstehen.

4.1.1 Naharbeit

Die Naharbeit lässt sich wiederum wieder in mehrere Bereiche aufteilen.

Übersetzung

Mit Übersetzung ist das Vermitteln zwischen der autistischen und der neurotypischen Perspektive gemeint, jeweils in beide Richtungen. Das beinhaltet zum Beispiel, das Arbeitsanweisungen erläutert werden. Ein Aspekt von Aufgabenstellungen für neurotypische Schülerinnen ist, dass darin Anweisungen und Informationen verschlüsselt werden. Das soll dazu führen, dass die Schülerin sich die Informationsschnipsel, die sie benötigt, um die Aufgabe zu lösen, erst einmal zusammensuchen muss. Dabei wird gerne damit gearbeitet, dass man mehrdeutige Begriffe verwendet. Wenn Ihre Klientin noch nicht in der Lage ist, Mehrdeutigkeiten zu entschlüsseln, so kann es notwendig sein, sie dabei zu unterstützen.

Es gilt hier abzuwägen: Neben dem Entschlüsseln von Mehrdeutigkeiten soll die Schülerin ja auch ein bestimmtes Thema lernen, zum Beispiel Prozentrechnung. Werden die überfordernden Mehrdeutigkeiten nicht von der Schulbegleitung erläutert, so kann das Ergebnis sein, dass die Klientin weder das Entschlüsseln von Mehrdeutigkeiten noch die Prozentrechnung erlernt. Das wäre allerdings ein fatales Ergebnis. Mehrdeutigkeiten eigenständig zu entschlüsseln, kann etwas sein, das autistische Menschen erst relativ spät erlernen. Manche schaffen das auch nie. Prozentrechnung hingegen ist etwas, das sicherlich sehr viele autistische Menschen erlernen können und höchstwahrscheinlich auch viel früher als das Entschlüsseln von Mehrdeutigkeiten. In diesem Falle wäre es also durchaus gerechtfertigt, die gestellte Aufgabe durch das Entfernen der Mehrdeutigkeiten zu entschärfen, damit sich zumindest der Lernerfolg bei der Prozentrechnung einstellen kann.

Ein weiteres Feld der Übersetzung ist das Vermitteln bei Missverständnissen zwischen Neurotypikerinnen und Autistinnen. Ein simples Beispiel: Ihre autistische Klientin hat etwas gemacht, das sie nicht machen sollte. Die Lehrerin tritt auf die Klientin zu, um sie zu ermahnen. Dabei bemerkt die Lehrerin, dass die Klientin Augenkontakt meidet. Erbost fordert sie ein, dass ihre Klientin ihr in die Augen zu schauen habe, wenn sie mit ihr redet. An dieser Stelle ist es notwendig, der Lehrerin die Sache mit dem »in die Augen schauen unter Druck« zu erklären. Würde die Klientin aus ihrer Position heraus versuchen, diese Zusammenhänge zu erklären, so würde sie höchstwahrscheinlich kein Gehör finden. Des Weiteren wird es regelmäßig notwendig sein, Ihrer Klientin das Verhalten von anderen zu erklären, aber ebenfalls wie ihr Verhalten auf andere wirkt. Falls es hier zu Problemen im Austausch kommt, können Sie das Kapitel »Kommunikationsebenen etablieren« zu Rate ziehen.

4 Exkurse für die alltägliche Praxis

Schutz

Der Bereich Schutz lässt sich im Wesentlichen in zwei Unterbereiche aufteilen. Der erste Unterbereich beinhaltet die Themen Mobbing und Übergriffe. Dieses Verhalten kann von Mitschülerinnen, aber auch Lehrerinnen oder beiden zugleich ausgehen. Je nach Art des Mobbings muss unterschiedlich damit umgegangen werden.

Wenn die Klientin zum Beispiel wortgewandt ist und Angriffe gut selbst kontern kann, so sollte die Schulbegleitung sich heraushalten. Denn dann macht die Klientin lediglich Erfahrungen, die andere Kinder in der Schule auch machen. Körperliche Übergriffe sollten allerdings niemals geduldet werden. Wenn die Klientin sich aber nicht gegen das Mobbing wehren kann, dann ist es Aufgabe der Schulbegleitung zu intervenieren. Da die Schulbegleitung in der Regel gegenüber anderen Schülerinnen nicht weisungsbefugt ist, sollte sie sich mit den Lehrkräften dazu abstimmen. Wenn die Lehrkräfte sich allerdings am Mobbing beteiligen, bleibt in der Regel nur noch, die Fachleitung des Schulbegleitungsträgers einzuschalten.

Sämtliche Maßnahmen sollten sich vor allem gegen die Täterinnen richten. Mobbing ist nie die Schuld des Opfers. Gerne wird hier seitens arbeitsscheuer Lehrkräfte argumentiert, dass die Klientin ja durch ihr Verhalten einen Beitrag dazu leiste, dass Situationen eskalieren. Es muss an dieser Stelle sehr klar differenziert werden. Wenn zum Beispiel eine Rivalität zwischen zwei Schülerinnen vorliegt, zu der beide Seiten gleichsam beitragen, dann mag diese Argumentation richtig sein. Wenn allerdings eindeutig Mobbing vorliegt, dann muss entschieden und mit aller Härte dagegen vorgegangen werden.

In der Wikipedia (2021) wird Mobbing wie folgt definiert: »Mobbing oder Mobben (in Englisch üblicherweise Bullying) als soziologischer Begriff, beschreibt psychische Gewalt, die durch das wiederholte und regelmäßige, vorwiegend seelische Schikanieren, Quälen und Verletzen eines einzelnen Menschen durch eine beliebige Art von Gruppe oder Einzelperson definiert ist. Zu den typisch menschenverachtenden Mobbinghandlungen gehören unter anderem Demütigungen, Verbreitung falscher Tatsachenbehauptungen, Zuweisung sinnloser Aufgaben und anderweitiger Machtmissbrauch, Gewaltandrohung, soziale Exklusion oder eine fortgesetzte, unangemessene Kritik an einer natürlichen Person oder ihrem Tun, die einer Tyrannei beziehungsweise einem unmenschlich-rücksichtslosen Umgang gleichkommt.«

Diese Definition gibt einen recht guten Überblick über die verschiedenen Erscheinungsformen von Mobbing. Mobbing ist in der Lage, Traumata vom schweren Typ II auszulösen, die einen Menschen ein Leben lang in seinem Selbstbewusstsein und seiner Selbstständigkeit beschädigen können. Leider kann es vorkommen, dass an einer Schule Behindertenfeindlichkeit so selbstverständlich ist, dass das Mobbing von Schülerinnen und Lehrerinnen mit Rückendeckung der Schulleitung stattfindet. In einem solchen Fall kann es ratsam sein, einen Schulwechsel anzustrengen (vergleiche hierzu Kapitel 5.2.3).

Der zweite wesentliche Unterbereich sind das Stressmonitoring und Stressmanagement. Es ist die Aufgabe der Schulbegleitung, dafür zu sorgen, dass die Klientin den Schulalltag absolvieren kann, ohne dabei permanent an der Grenze des Erträglichen zu stehen oder darüber hinaus gestoßen zu werden. Es bedeutet aber nicht, dass jeglicher Stress von der Klientin ferngehalten werden sollte. Ein gesundes Maß an Stress ist ein guter Stimulus und Motivator. Und eine gewisse Menge an Stress aushalten zu können, ist eine Fertigkeit, die möglichst während der Schulzeit erworben werden sollte. Die meisten autistischen Menschen erleben nur viel zu viel davon.

Daher ist es wichtig, ein Gefühl dafür zu entwickeln, wann die Klientin Stress erlebt. Der aktuelle Stresspegel muss dann in Relation zur Tagesform gesetzt werden. An einem sehr guten Tag gelingen viele Dinge auch unter Stress spielerisch, an einem schlechten Tag sind selbst ohne Stress gewisse Fertigkeiten nicht abrufbar. Mit zusätzlichem Stress verschärft sich dieser Umstand weiter. Sorgen sie dafür, dass Ihre Klientin Auszeiten und Rückzugsmöglichkeiten hat. Wenn die Last einer kompletten Schulwoche zu hoch ist, dann sollte über eine Kürzung des Stundenplans nachgedacht werden. Es ist auf jeden Fall besser, zum Beispiel nur 80% der Stunden zu besuchen, aber dafür gut durch die Woche zu kommen, als zu versuchen, 100% der Stunden zu besuchen, mit dem Resultat, dass mehrmals in der Woche ein Schultag mit Overload oder gar Meltdown/Shutdown abgebrochen werden muss.

Jede Klientin hat ein eigenes Repertoire an Ticks, Stimming, Tätigkeiten oder Handlungen, die sie zeigen, wenn sie gestresst sind: nervöses Zucken, rote Wangen, verstärktes Schwitzen, hibbelig werden, unruhiges Atmen, Veränderungen im Blick, mit den Fingernägeln auf die Tischplatte trommeln, mit den Beinen wackeln, gehörte Worte mehrmals oder immer wieder nachsprechen... Es gibt jedoch auch Klienten, die nicht mit zusätzlichen Handlungen reagieren, sondern Handlungen einstellen, sehr ruhig werden, oder sich in sich selbst zurückziehen. Erforschen Sie die Merkmale Ihrer Klientin, damit sie rechtzeitig intervenieren können.

4 Exkurse für die alltägliche Praxis

Entfaltung

Die meisten autistischen Menschen erfreuen sich daran, zu wissen, wie Dinge funktionieren. Das heißt, dass sie ganz grundsätzlich gerne Lernen. Allerdings ist es so, dass unsere Schulen ziemlich gut darin sind, Menschen den Spaß am Lernen zu nehmen – ganz gleich, ob diese Menschen autistisch oder neurotypisch verdrahtet sind. Manchmal liegt es daran, dass das von den Lehrkräften verwendete Erklärmodell nur für bestimmte Arten der Wahrnehmung und Verarbeitung funktioniert. Manchmal liegt es an unmotivierten oder unfreundlichen Lehrkräften. Sehr oft liegt es aber auch schlicht daran, dass ein äußerst interessanter Stoff nur sehr oberflächlich behandelt werden kann.

Hier gibt es verschiedene Möglichkeiten, den Schulalltag etwas aufzupeppen und die Gesamtvitalität der Klientin zu fördern; nicht indem Sie negative Erlebnisse verhindern, sondern indem Sie positive Erlebnisse ermöglichen. Aus positiven Erfahrungen und aus Momenten des Wohlfühlens lassen sich Kraft und Zuversicht schöpfen.

Beispiele dafür, wie auf diese Art und Weise begleitet werden kann:

- Wenn eine Lehrkraft ein eigentlich spannendes Thema sehr dröge präsentiert, dann können Sie einfach ein paar spannende Aspekte ergänzen.
- Wenn Sie merken, dass es bei einem neuen Thema eine gewisse Berührungsangst gibt, brechen Sie das Thema auf kleinere Teilaspekte herunter, die leichter zu verdauen sind.
- Bei Themen, die Ihre Klientin sehr interessieren, wird sie wahrscheinlich Fragen haben, die über das hinausgehen, was im Unterricht behandelt werden kann. Nutzen Sie Pausen und Freistunden dafür, dass die Klientin ihnen weitergehende Fragen stellen kann.
- Eine andere effektive Art und Weise, Pausenzeiten zu nutzen, ist, Raum für andere (Lieblings-)Themen anzubieten. Sich in ein geliebtes Thema zu stürzen, ist eine Form von intellektuellem Stimming und kann während eines stressigen Schultages wie Urlaub für das Gehirn sein. Stellen Sie Fragen über Fantasiewelten oder Spezialinteressen. Begeben Sie sich dabei in die Rolle einer Touristin oder einer Schülerin: Sie übernehmen den untergeordneten oder unterwürfigen Part und erlauben der Klientin die starke, gestaltende Rolle einzunehmen.
- Ebenfalls können sehr positive Effekte erzielt werden, wenn Lerninhalte mit den Spezialinteressen oder Fantasiewelten der Klientinnen verknüpft werden können.

Um die Klientin auf diese Art und Weise unterstützen zu können, ist es notwendig, sich selbst auch ein Stück weit in Lerninhalte, Fantasiewelten oder Spezialinteressen einzuarbeiten.

Fertigkeiten ausbilden

Neurotypische Kinder lernen in der Schule automatisch gewisse periphere Fertigkeiten: Das ist einerseits natürlich sehr prominent das Sozialverhalten, aber auch gewisse Selbstorganisationsskills. Diese beiden Bereiche sind autistischen Schülerinnen oft nicht oder nur eingeschränkt zugänglich. Lernen in der Schule ist ein sozialer Vorgang. Insbesondere das Erlernen von Sozialverhalten geschieht in sozialen Situationen. Wer aber im Sozialen nicht besonders stark ist, der kann in diesen Situationen auch nicht so gut lernen wie andere. Für Personen, die im sozialen Umgang eingeschränkt sind, ist es somit auch viel schwerer, eben jenen Umgang adäquat zu erlernen.

Manche Klientinnen lassen sich in diesem Bereich gerne führen. Bei ihnen hilft es, bei sozialen Situationen gelegentlich zu kommentieren oder Erklärungen einzuwerfen. Andere Klientinnen müssen sich an diesen Themen reiben können. Hier ist es notwendig, sich extra Zeit zu nehmen um soziale Dinge nachzubearbeiten. Ansätze dafür, wie dies gut gelingen kann, finden sich im nachfolgenden Kapitel »Kommunikationsebenen etablieren«.

Wenn eine Person ständig unter starkem Stress steht, dann ist sie froh, wenn sie eine Aufgabe gerade so meistern konnte. Gute Selbstorganisationsskills zu entwickeln, setzt voraus, dass man nach dem Erledigen einer Aufgabe noch genug Kraft und Ausdauer hat, um sich Gedanken darüber zu machen, ob man für diese Aufgabe einen sinnvollen Prozess entwickelt hat, oder ob man sich die Tätigkeit durch andere Abläufe erleichtern kann. Wenn die Aufgabe aber so anstrengend war, dass man nach dem Absolvieren nur noch in der Ecke liegen kann, dann kann dort keine Weiterentwicklung stattfinden.

Als Schulbegleitung haben Sie die Möglichkeit, Weiterentwicklung in diesen Bereichen zu unterstützen. Beachten Sie dabei aber die Kraftreserven Ihrer Klientin. Zusätzliches Lernen ist nur möglich, wenn dafür zusätzliche Energie zur Verfügung steht. Wenn die Klientin durch den derzeitigen Schulalltag bereits an der Belastungsgrenze ist, dann ist gerade nicht der richtige Zeitpunkt dafür. Ein Ansatz kann also sein, den Umgebungsstress zu verringern, damit die Person ihre Aufgaben erledigen kann, ohne völlig erschöpft zu sein. Ein anderer Ansatz hingegen ist, der Person Herangehensweisen zu vermitteln, die die Last des Erledigens von Aufgaben verringert.

> **Beispiel**
> Lisa ist es unheimlich wichtig, jeden freien Millimeter ihrer Blätter vollzuschreiben. Sie will auf gar keinen Fall Papier verschwenden, weil sie Sorge hat, damit zur Klimakrise beizutragen. Das Resultat ist, dass ihre Blätter so vollgeschmiert sind, dass es ihr schwerfällt, ihre eigenen Aufzeichnungen zu lesen. Wiederholt hatte sie deswegen großen Stress, wenn der Mathematiklehrer sie aufgerufen hat, um ihre Hausaufgaben vorzulesen. Wenn Lisa für Klassenarbeiten lernen und hierzu nochmal über den Stoff der letzten Wochen schauen möchte, hat sie ebenfalls ein Problem.
> Lisas Schulbegleiter Stefan hat zuerst einmal recherchiert, wie viel die Produktion von Papier zum Klimawandel beiträgt. Ihm ist außerdem aufgefallen, dass Lisa oft beim Lernen für Klausuren neue Blätter verwendet, um Dinge noch einmal aufzuschreiben, die in ihren alten Aufzeichnungen unleserlich sind. So konnte Stefan Lisa vorrechnen, dass ihr Papierverbrauch so insignifikant ist, dass er auf jeden Fall kein wichtiger Faktor beim Klimawandel ist. Stefan konnte Lisa außerdem aufzeigen, dass sie neues Papier verbrauchen muss, wenn ihre alten Aufzeichnungen nicht leserlich sind.
> Schließlich hat Stefan ein Blatt angefertigt, auf dem er Lisas Hausaufgaben einmal fein ordentlich aufgeschrieben hat. Für verschiedene Aufgabentypen hat Stefan jeweils Kästchen gezählt und eine Breite bestimmt. Auf dem Blatt ergibt sich dadurch eine tabellenartige Struktur, in der jede einzelne Aufgabe eine Zelle bildet, die sich vertikal in Zeilen und horizontal in Spalten eingliedert. Er hat außerdem im Unterricht Formeln mitgeschrieben. Für das Aufschreiben der Formeln hat er mit dem Bleistift Kästen gezogen und anschließend mit Textmarkern verschiedene Aspekte der Formeln in verschiedenen Farben markiert, zum Beispiel immer jeweils dieselbe Farbe für α, β und γ. Lisa hat eine hohe Affinität für Ästhetik, daher ist sie begeistert von diesen Beispielen und leitet sich daraus einen eigenen Stil ab, den sie fortan verwendet, um ihr Matheheft zu führen. Die bessere Leserlichkeit nimmt ihr den Stress beim Vorstellen der Hausaufgaben und erleichtert die Vorbereitung auf Klassenarbeiten. Lisa bekommt außerdem ein Gefühl dafür, dass eine gute Vorbereitung beziehungsweise Strukturierung stressige Situationen deutlich erleichtern kann.

4.1.2 Umgebungsarbeit

Auch mit der Umgebung kann und muss gearbeitet werden. Dazu gehören natürlich ganz basale Dinge, wie zum Beispiel sensorische Probleme zu erkennen und zu beseitigen (siehe Kapitel sensorische Reize). Man kann aber nicht nur Störfaktoren beseitigen, sondern die Umgebung auch angenehmer gestalten, zum Beispiel in dem man Strukturierungshilfen gibt (Beispiele hierfür wird es im Kapitel Strukturierungen geben). Eine gut strukturierte Umgebung sorgt für weniger Verwirrung. Sie ermöglicht auch mehr selbstständige Handeln.

Je nach Altersstufe oder Reifegrad kann es Sinn machen, ganz offen mit dem Thema Autismus umzugehen und zum Beispiel eine Klassenstunde dafür zu widmen, einen kleinen Vortrag über Autismus zu halten und den Mitschülerinnen die Möglichkeit einzuräumen, Fragen zu stellen. Es ist immer sinnvoll, die Lehrkräfte, die mit der Klientin zu tun haben, über das Thema Autismus aufzuklären. Leider trifft man aber auch immer wieder auf Lehrkräfte, die eine solche Schulung oder Einweisung ablehnen. Das ist immer ein Warnsignal. Derartige Lehrkräfte werden höchstwahrscheinlich auch in der Zukunft Mitarbeit beziehungsweise Kompromisse verweigern, und haben das Potential weitere Probleme zu verursachen. Für die Gesamtstrategie der Begleitung ist es aber auch hilfreich, frühzeitig zu erfahren, welche Lehrkräfte eine solche Einstellung mit sich bringen.

Die meisten Lehrkräfte haben viel zu tun. Dass unser Schulsystem so schlecht funktioniert, ist oft nicht die Schuld der Lehrkräfte, sondern der Bedingungen, die sie vorfinden. Mit einer autistischen Schülerin in der Klasse gibt es noch mehr zu tun. Wenn sie etwas für Ihre Klientin durchsetzen möchten, das zusätzliche Arbeit für die Lehrkraft bedeutet, so versuchen Sie doch anzubieten, diese Arbeit teilweise zu übernehmen. Die Textaufgaben einer Matheklausur anzupassen auf Bedürfnisse, die man vielleicht auch noch gar nicht so richtig verstanden hat, kann für eine Mathelehrerin sehr anstrengend sein. Hier könnten sie zum Beispiel anbieten, die Textaufgaben selbst umzuformulieren, so dass die Lehrerin nur noch einmal darüber lesen muss.

4.1.3 Netzwerken

Ein nigerianisches Sprichwort lautet: »Um ein Kind großzuziehen, benötigt es ein ganzes Dorf.« Um ein autistisches Kind gut durch die Schule zu bringen, benötigt es ebenfalls ein großes Netzwerk aus Personen. Im Mittelpunkt von diesem Netzwerk steht die Schulbegleitung. Sie hat einen sehr guten Eindruck davon, wie es der Klientin in der Schule geht. Weder die Eltern noch eine etwaig vorhandene Autismustherapeutin bekommen die Klientin in dieser Form mit. Ein ganz wesentlicher Bestandteil der Arbeit als Schulbegleitung ist es, die Eltern auf dem Laufenden zu halten, was in der Schule vorgeht. Optimalerweise ist es möglich, Themen, die in der Schule nicht aufgearbeitet werden können, an die Therapeutin zu delegieren. Voraussetzung dafür ist natürlich die Bereitschaft für eine derartige Kooperation seitens der Therapeutin.

Gewisse Änderungen, die sich aus der Therapie beziehungsweise der heimischen Situation ergeben, müssen wiederum an die Schule zurückgemeldet werden. Autistische Schülerinnen sind häufig nicht in der Lage, die Disziplin aufzubringen, Elternbriefe oder andere Informationen verlässlich an ihre Eltern weiterzugeben. Ebenso kann es sinnvoll sein, dass die Schulbegleitung sämtliche Klausurtermine, Ausflüge, bewegliche Feiertage und Unterrichtsausfall an die Eltern kommuniziert. Des Weiteren sollten wesentlich Ereignisse dokumentiert werden, einerseits um als Schulbegleitung selbst einen Überblick zu behalten, andererseits um diese an die fachliche Leitung weiter zu kommunizieren.

Wenn eine Schulbegleitung auf eine Situation trifft, in der alle obig aufgeführten Parteien gewillt sind, gut und eng miteinander zusammen zu arbeiten, so kann es gelingen, für die zu begleitende autistische Person tatsächlich eine Schulerfahrung zu schaffen, die der neurotypischer Kinder gleicht und die den Ansprüchen der UN-Behindertenrechtskonvention genügt. Selbige Konvention ist die Grundlage für unsere Arbeit als Schulbegleiterinnen. Ich möchte Artikel 24 zum Thema Bildung an dieser Stelle ungekürzt vorstellen. Einerseits finde ich es ganz grundsätzlich hilfreich für jede Schulbegleitung, diesen Text einmal gelesen zu haben. Andererseits soll dieses Buch ein Praxisratgeber sein und ich denke, in der Praxis kann es durchaus auch mal sinnvoll sein, aus diesen Zeilen zu zitieren.

Die Behindertenrechtskonvention ist ein ratifizierter Vertrag, der auf der höchsten Ebene des deutschen Staates angenommen worden ist und somit auch jede Staatsdienerin bis hin zur einfachen Beamtin verpflichtet. Als Schulbegleiterinnen sind wir die Vorkämpferinnen für eine Gesellschaft, die es sich nicht länger erlaubt, behinderte Menschen in parallelweltliche Verwahranstalten abzuschieben. In Situationen, in denen wir für dieses Anliegen kein Gehör finden, können die folgenden Zeilen vielleicht hilfreich sein.

Artikel 24 – Bildung

(1) Die Vertragsstaaten anerkennen das Recht von Menschen mit Behinderungen auf Bildung. Um dieses Recht ohne Diskriminierung und auf der Grundlage der Chancengleichheit zu verwirklichen, gewährleisten die Vertragsstaaten ein integratives Bildungssystem auf allen Ebenen und lebenslanges Lernen mit dem Ziel,

1. die menschlichen Möglichkeiten sowie das Bewusstsein der Würde und das Selbstwertgefühl des Menschen voll zur Entfaltung zu bringen und die Achtung vor den Menschenrechten, den Grundfreiheiten und der menschlichen Vielfalt zu stärken;
2. Menschen mit Behinderungen ihre Persönlichkeit, ihre Begabungen und ihre Kreativität sowie ihre geistigen und körperlichen Fähigkeiten voll zur Entfaltung bringen zu lassen;
3. Menschen mit Behinderungen zur wirklichen Teilhabe an einer freien Gesellschaft zu befähigen.

(2) Bei der Verwirklichung dieses Rechts stellen die Vertragsstaaten sicher, dass

1. Menschen mit Behinderungen nicht aufgrund von Behinderung vom allgemeinen Bildungssystem ausgeschlossen werden und dass Kinder mit Behinderungen nicht aufgrund von Behinderung vom unentgeltlichen und obligatorischen Grundschulunterricht oder vom Besuch weiterführender Schulen ausgeschlossen werden;
2. Menschen mit Behinderungen gleichberechtigt mit anderen in der Gemeinschaft, in der sie leben, Zugang zu einem integrativen, hochwertigen und unentgeltlichen Unterricht an Grundschulen und weiterführenden Schulen haben;
3. angemessene Vorkehrungen für die Bedürfnisse des Einzelnen getroffen werden;
4. Menschen mit Behinderungen innerhalb des allgemeinen Bildungssystems die notwendige Unterstützung geleistet wird, um ihre erfolgreiche Bildung zu erleichtern;
5. in Übereinstimmung mit dem Ziel der vollständigen Integration wirksame individuell angepasste Unterstützungsmaßnahmen in einem Umfeld, das die bestmögliche schulische und soziale Entwicklung gestattet, angeboten werden.

(3) Die Vertragsstaaten ermöglichen Menschen mit Behinderungen, lebenspraktische Fertigkeiten und soziale Kompetenzen zu erwerben, um ihre volle und gleichberechtigte Teilhabe an der Bildung und als Mitglieder der Gemeinschaft zu erleichtern. Zu diesem Zweck ergreifen die Vertragsstaaten geeignete Maßnahmen; unter anderem

1. erleichtern sie das Erlernen von Brailleschrift, alternativer Schrift, ergänzenden und alternativen Formen, Mitteln und Formaten der Kommunikation, den Erwerb von Orientierungs- und Mobilitätsfertigkeiten sowie die Unterstützung durch andere Menschen mit Behinderungen und das Mentoring;
2. erleichtern sie das Erlernen der Gebärdensprache und die Förderung der sprachlichen Identität der Gehörlosen;
3. stellen sie sicher, dass blinden, gehörlosen oder taubblinden Menschen, insbesondere Kindern, Bildung in den Sprachen und Kommunikationsformen und mit den Kommunikationsmitteln, die für den Einzelnen am besten geeignet sind, sowie in einem Umfeld vermittelt wird, das die bestmögliche schulische und soziale Entwicklung gestattet.

(4) Um zur Verwirklichung dieses Rechts beizutragen, treffen die Vertragsstaaten geeignete Maßnahmen zur Einstellung von Lehrkräften, einschließlich solcher mit Behinderungen, die in Gebärdensprache oder Brailleschrift ausgebildet sind, und zur Schulung von Fachkräften sowie Mitarbeitern und Mitarbeiterinnen auf allen Ebenen des Bildungswesens. Diese Schulung schließt die Schärfung des Bewusstseins für Behinderungen und die Verwendung geeigneter ergänzender und alternativer Formen, Mittel und Formate der Kommunikation sowie pädagogische Verfahren und Materialien zur Unterstützung von Menschen mit Behinderungen ein.

(5) Die Vertragsstaaten stellen sicher, dass Menschen mit Behinderungen ohne Diskriminierung und gleichberechtigt mit anderen Zugang zu allgemeiner Hochschulbildung, Berufsausbildung, Erwachsenenbildung und lebenslangem Lernen haben. Zu diesem Zweck stellen die Vertragsstaaten sicher, dass für Menschen mit Behinderungen angemessene Vorkehrungen getroffen werden.

(Behindertenrechtskonvention, 2006)

4.2 Kommunikationsebenen etablieren

Früher oder später wird es notwendig, bestimmte Dinge zu besprechen und zu reflektieren. Dabei kann es sowohl darum gehen, Situationen zu besprechen, in denen etwas schief gelaufen ist, als auch zum Beispiel herauszuheben, dass eine Sache besonders gut gemacht wurde. Autistische Menschen haben oft Schwierigkeiten, Lob und Erfolge zu spüren und zu verinnerlichen. Es kann also notwendig sein, sich hierfür explizit Zeit zu nehmen; zum Beispiel, wenn eine Person eigentlich relativ gut zurecht kommt, aber sich ständig nur negativ über sich selbst oder die eigenen Fähigkeiten äußert. Dann ist es notwendig, dabei zu unterstützen, Erfolge wahrzunehmen.

Eine solche Gesprächssituation kann allerdings eine sehr große Herausforderung sein. Ich möchte daher zuerst einmal darauf eingehen, worin diese Herausforderungen begründet sein können und anschließend ein paar Ansätze vorstellen, um eine komfortable Situation für derartige Reflexionen zu schaffen.

4.2.1 Gedanken sind flüssig

Gedanken verändern sich, je nachdem wann, wo und wie man sie denkt. In dem Moment, in demo ein Autist über eine Situation intensiv nachdenkt, kommen auch wieder die Emotionen hoch, die in dieser Situation vorhanden waren. Gedanken, die eine Person sich an einem Sonntag, nach einer erholsamen Aktivität am Samstag, in der Geborgenheit des eigenen Zimmers macht, wirken ganz anders, als wenn diese Gedanken nach einem anstrengenden Schultag, an dem möglicherweise schon Situationen vorgefallen sind, die das eigene Selbstwertgefühl beschädigt haben, wieder hervorgekramt werden. Durch die aktuell vorherrschenden Emotionen werden diese Gedanken in einem anderen Licht neu eingefärbt. Aspekte, die zu Hause in der Geborgenheit keine große Rolle spielten, treten plötzlich in den Vordergrund. Und auch wenn autistische Personen in der Regel ein sehr gutes Gedächtnis haben, so sind sie nicht frei von Bestätigungsfehlern beziehungsweise der Tatsache, dass das Gehirn bei jedem Erinnern die Erinnerung auch minimal verändert.

4.2.2 Gedanken sind sperrig

Da autistische Personen sehr hochauflösende Erinnerungen haben, sind ihre Gedanken auch sehr hochauflösend. Sich intensiv auf eine bestimmte Sache zu konzentrieren, kann zur Folge haben, dass dadurch der Zugang zu anderen Dingen zunächst einmal versperrt ist. Das ist vergleichbar mit dem Umschalten von zwei Programmen auf einem Computer. Wenn man zum zweiten Programm wechselt, dann dauert es ein paar Momente bis der Computer die zugehörigen Daten in den temporären Speicher geladen hat. Weil autistische Menschen ebenso komplexe Gedanken haben, brauchen sie für das Umschalten zwischen verschiedenen Themen länger. Während sie in einen Aspekt vertieft sind, kann ein anderer Aspekt so weit weg sein, dass er komplett in Vergessenheit gerät.

4.2.3 Das Wissen darum, einen Fehler gemacht zu haben, wühlt auf

Wenn es in einem Gespräch darum gehen soll, auf herausforderndes Verhalten einzuwirken oder einen Konflikt aufzuarbeiten, dann ist die Situation wahrscheinlich noch frisch. Das heißt, dass Emotionen wie Wut oder Frustration noch sehr stark vorhanden sein und die Person in ihrem Griff haben können. Selbst wenn die autistische Person eine schweres Fehlverhalten gezeigt hat, welches auf der anderen Seite ebenfalls zu Frustration geführt hat, dann kann es trotzdem notwendig sein, die Person erstmal wieder aufzubauen beziehungsweise ihr die Möglichkeit zu geben, sich zu beruhigen oder zu erholen – auch wenn es eigentlich notwendig ist, die Person in ihre Schranken zu weisen oder gar zu bestrafen.

Wenn etwas schief gelaufen ist, legt das nahe, dass die Bewertungen, die die autistische Person getroffen hat, falsch waren und also neu getroffen werden müssen. In einer stressigen Situation zu sinnvollen Bewertungen von Dingen zu kommen, wenn man im Hinterkopf hat, dass die ursprünglich erarbeiteten Bewertungen falsch waren und einen an der eigenen Fertigkeit, derartige Bewertungen vorzunehmen, zweifeln lässt, kann ein Ding der Unmöglichkeit werden. Diese Umstände können bedingen, dass während eines Gespräches nur noch Brei im Kopf ist und es unmöglich ist, sich ohne Strukturierungshilfen von außen sinnvoll am Gespräch zu beteiligen.

4.2.4 Raus aus dem Kopf

Die Antwort auf die flüchtige Natur der Gedanken ist ein stabiles, ausbaubares Konzept – ein Blatt Papier, eine Tafel, ein White Board, ein Tablet, ein Laptop oder ein Desktop PC, das Medium ist erstmal egal beziehungsweise sollte nach den Präferenzen des Klienten ausgewählt werden. Wichtig ist, dass mit dem Medium Gedanken, Informationen, Konklusionen etc. aufgeschrieben beziehungsweise fixiert werden können. Dinge, die einmal geäußert wurden, können festgehalten werden. Sie sind dann mit einem Blick wieder verfügbar und müssen nicht erneut aus sich selbst heraus abgerufen werden. Das ermöglicht dem Klienten zum Beispiel noch einmal ganz konkret mit dem Finger auf bestimmte Aspekte zu zeigen, wenn er diese genauer erläutert haben möchte oder damit nicht einverstanden ist.

In diesem Zusammenhang lässt sich eine typisch autistische Eigenschaft ausnutzen. Autisten können es nicht gut ertragen, wenn etwas falsch ist. Wenn ein Klient, der sich nicht am Gespräch beteiligen kann oder möchte, damit konfrontiert wird, dass die Schulbegleitung ihre eigene Interpretation der Situation auf das Papier bringt, kann der dringende Wille entstehen, diese nach Meinung des Klienten falsche Darstellung zu korrigieren. Dieser Umstand kann also genutzt werden, um einen Klienten ins Gespräch zu locken.

Auf dem gewählten Medium können Dinge zum Beispiel in Form von Stichpunkten, Tabellen, Flow Charts, Mind Maps, Zeichnungen, Ablaufdiagrammen nach TEACCH, Comics oder Geschichten ausgearbeitet werden. Auch hier sind die Präferenzen des Klienten ausschlaggebend sowie Alter und kognitive Fähigkeiten. Bei dem Erarbeiten eines Themas ist es sinnvoll sequenziell vorzugehen. Es werden erst sehr kleinteilige Aspekte behandelt und erläutert. Diese kleinteiligen Dinge werden dann zu größeren Zusammenhängen zusammengefügt, zum Beispiel: »Person A hat so gehandelt, ihr Motiv war X. Person B hat so gehandelt, denn ihr Motiv war Y. Weil A dieses getan hat und B jenes getan hat, ist daraus die folgende Situation entstanden.« Die verschiedenen Zwischenergebnisse werden festgehalten.

Welche Ebene hier gewählt wird, hängt sehr vom Klienten ab. Es kann auch durchaus sinnvoll sein, dass Gespräch einzuleiten, aber zwischendurch den Raum zu verlassen und den Klienten alleine zu lassen. Insbesondere wenn das Gespräch eher zäh verläuft. Bei manchen Personen löst die Anwesenheit von anderen Nervosität hervor, die in Kombination mit einem schwierigen Thema, aber auch für sich allein stehend dafür sorgen kann, dass die Person zu aufgeregt ist, um sich äußern zu können. Das Verlassen des Raumes sollte allerdings transparent kommuniziert werden.

4 Exkurse für die alltägliche Praxis

Bevor ich einige Beispiele aufzeige, möchte ich noch über die Ansätze von Carol Gray sprechen. Sie hat zwei Techniken entwickelt, die an den obig beschriebenen Prinzipien ansetzen.

4.2.5 Social Stories und Comic Strip Conversations nach Carol Gray

Social Stories

Das Ziel von Social Stories ist es, Informationen zu vermitteln. Dies geschieht in der Regel anhand der Beschreibung eines Vorganges oder Events. Social Stories werden sowohl verwendet, um zu lehren als auch um Lob auszusprechen oder Kritik zu äußern und Handlungsalternativen vorzuschlagen beziehungsweise zu etablieren. Dabei wird explizit erläutert:

- Was Beteiligte machen (inklusive Motivation), denken oder fühlen
- Der Ablauf der Ereignisse
- Das Identifizieren und erläutern signifikanter sozialer Signale und Schlüsselreize
- → Was? Wann? Wer? Warum?

Die Story sollte von der Schulbegleitung vorbereitet werden. Nachdem die Geschichte mit dem Klienten durchgearbeitet wurde, sollte sie abgeheftet werden, damit sie immer wieder angeschaut und verinnerlicht werden kann.

Comic Strip Conversations

Wenn eine Comic Strip Conversation fertiggestellt wurde, dann sieht sie so ähnlich aus wie eine Social Story. Die Stoßrichtung ist allerdings eine andere. Bei einer Comic Strip Conversation fängt man mit einem leeren Comic an. Sie dient ebenfalls dazu, Situationen zu reflektieren oder nachzubesprechen, allerdings werden sie mit dem Klienten gemeinsam erarbeitet.

In die Panels werden die beteiligten Personen gezeichnet. Dabei ist es nicht so wichtig, besonders schön zu zeichnen. Strichfiguren reichen völlig aus. Die Figuren können jeweils noch mit einzelnen Merkmalen markiert werden. Wenn der Klient zum Beispiel jeden Tag einen lila Pullover trägt, so kann seine Strichfigur lila gekennzeichnet werden. Den gezeichneten Figuren werden jetzt Sprech- und Denkblasen zugeordnet. Stück für Stück

Manchmal ist mir alles zuviel. Ich werde dann sehr wütend. Wenn ich so wütend werde, dann haben die anderen Kinder Angst vor mir.

Wenn ich merke, dass mir alles zu viel wird, dann muss ich mir eine Auszeit nehmen.

Wenn ich mit meinem Begleiter vor die Tür gehe, dann tue ich mir etwas Gutes. Es ist nicht dasselbe wie rausgeschmissen zu werden.

Wenn ich Verantwortung für meine Wutanfälle übernehme, dann respektieren die anderen Kinder das.

Abb. 4.1: Social Story.
Die abgebildete Social Story soll dazu dienen, einem Klienten eine Handlungsalternative für Wutausbrüche zu vermitteln. Dabei wird vor allem auch Augenmerk darauf gelegt, einen Unterschied zwischen »von der Lehrerin vor die Tür geschickt werden« und »sich eine Pause gönnen« zu etablieren

wird eine Situation noch einmal durchgespielt. Genau wie bei den Social Stories ist es dabei wichtig, die sozialen Signale und Schlüsselreize hervorzuheben und zu erläutern beziehungsweise gemeinschaftlich zu ergründen.

Abb. 4.2: Comic Strip Conversation.
Gewöhnliches kariertes Papier eignet sich wunderbar, um auf die Schnelle die Panels für eine Social Story oder eine Comic Strip Conversation zu zeichnen, wenn gerade keine Vordrucke vorhanden sind. Die obige Conversation behandelt folgende Situation. Ein 14-jähriger Klient ist während eines Spazierganges von einem Mädchen gefragt worden, ob er mit ihr gehen will. Seine Antwort war: »Wir laufen doch schon zusammen.« Die Reaktion des Mädchens hat den 14-jährigen verwirrt, weshalb seine Schulbegleitung beschlossen hat, diese Situation mit ihm aufzuarbeiten. Auf der Abbildung ist im ersten Panel die Ausgangssituation zu sehen. Im zweiten Panel werden statt Sprechblasen Gedankenblasen verwendet. Als nächstes sollen die Gedanken des Mädchens dargestellt werden, um sie für den Klienten besser nachvollziehbar zu machen

Carol Gray hat zu beiden Themenkomplexen jeweils eigene Bücher (Gray, 2014, 2019) verfasst, in denen sie stringente Regeln aufgestellt hat, wie Social Stories beziehungsweise Comic Strip Conversations erarbeitet werden sollten. Wie akribisch man diesen Regeln befolgen sollte, hängt stark von den Klienten ab. Bei einem zugänglichen 16-jährigen Aspergerautisten wird man diese Konzepte relativ frei anwenden können, alles Weitere findet sich dann im Austausch mit dem Klienten. Bei einer 8-jährigen frühkindlichen Autistin mit Mutismus ist es sinnvoll, diese Regeln sehr genau zu befolgen. Wer Social Stories oder Comic Strip Conversations regelmäßig anwenden möchte, dem empfehle ich auf jeden Fall, eines der Bücher von Carol Gray anzuschaffen. Sie betreibt außerdem eine Webseite[5], auf der man Arbeitsmaterialien, Beispiele aber auch Workshops zur Vertiefung der eigenen Kenntnisse finden kann.

Beispiele für etablierte Kommunikationsebenen

Ali ist ein quietschfideler Grundschüler. Er mag animierte Disneyfilme und die dazugehörigen Serien. Manchmal ist Ali sehr aufgedreht und das kann während der Schulzeit natürlich zur Herausforderung werden. Wenn Ali mal wieder über die Stränge geschlagen hat und es notwendig ist, eine Situation aufzuarbeiten, dann verwendet Mara, seine Schulbegleitung, Comicpanels. Ali findet es toll, eigene Comics herstellen zu können, weshalb er immer sehr engagiert bei der Sache ist. Mara verwendet Motive von Verantwortungsübernahme und Heldentum und referenziert Eigenschaften von passenden Disney-Charakteren, um Ali Handlungsalternativen aufzuzeigen und schmackhaft zu machen.

Petra ist eine sehr selbstbewusste bis hin zu dickköpfige 15-Jährige, die mitten in der Pubertät steckt. Mit ihrem dominanten Verhalten kann sie ihre beste Freundin Nina schon mal überrollen. Ruth, ihre Schulbegleitung hat es mal mit Comics und Zeichnungen versucht, aber schnell gemerkt, dass Petra dieses »kindische« Format überhaupt nicht gefällt. Sie hat aber herausgefunden, dass ein professionell anmutender Flowchart, wie er auch in Businessmeetings verwendet wird, bei Petra, die gerne schon erwachsen wäre, Eindruck macht. Mit Hilfe von Flowcharts bearbeiten Ruth und Petra immer wieder kleinere Auseinandersetzungen zwischen Petra und Nina nach.

Nico ist ein äußerst schüchterner 18-Jähriger mit sehr geringem Selbstwertgefühl. Soziale Interaktionen verwirren ihn sehr schnell und er hat oft große Angst, etwas falsch zu machen oder sich zu blamieren. Thorsten, Nicos Schulbegleiter, versorgt ihn regelmäßig mit Social Stories, in

---

5 https://carolgraysocialstories.com/social-stories/

denen eine spezifische soziale Interaktion aufgearbeitet wird. Er hat außerdem ein kleines Aufgabenheft für Nico angelegt. In dieses Aufgabenheft klebt Thorsten immer wieder Ablaufdiagramme nach TEACCH, die festhalten, wie man sich bei bestimmten Interaktionen korrekt verhält. Das letzte Bild zeigt dabei das Ergebnis, so wie es sein kann beziehungsweise sollte, wenn die Interaktion abgeschlossen ist. Nico nutzt dieses Heft, um im Verlaufe des Schultages immer mal wieder Dinge nachzuschlagen.

4.2.6 Rezept: Kommunikation

Anwendungsgebiet: Situationen reflektieren, Lob aussprechen, Handlungsalternativen erarbeiten

Zutaten:

- Papier, Tafel, Whiteboard oder digitales Gerät
- Stifte, verschiedene Farben
- gegebenenfalls Comic Panele
- Schnellhefter oder Ordner

Vorgehen:

- einen ruhigen Ort aufsuchen
- das Thema sollte möglichst transparent angekündigt werden
- das Gespräch auf einem Medium begleiten
    - Papier
    - Tafel oder Whiteboard
    - Tablet, Laptop oder PC
- Zwischenergebnisse festhalten als zum Beispiel
    - Stichpunkte
    - Tabelle
    - Flowchart
    - Mind Map
    - Social Story
    - Comic Strip Conversation

Die Art der Visualisierung ergibt sich aus dem Ziel des Gespräches sowie den Fähigkeiten und Bedürfnissen des Klienten. Je schlechter die kommunikativen Fähigkeiten ausgebildet sind, desto präziser sollten die Visualisierungshilfen vorbereitet werden.

Tipps:

- Erst Details erarbeiten, dann aus den Details auf das Große und Ganze schließen.
- Eventuell zwischendurch mal den Raum verlassen, damit der Klient frei von Erwartungsdruck seine Gedanken sortieren und hinzufügen kann. Das Verlassen sollte natürlich angekündigt werden; ebenfalls sollte gesagt werden, wie lange man draußen bleiben wird.
- Aufzeichnungen zum späteren erneuten Betrachten sammeln und abheften.

4.3 Spezialinteressen, Fantasiewelten und intensive Fokussierung

Von Spezialinteressen spricht man bei Autistinnen, wenn sie sich für ein bestimmtes Thema sehr intensiv interessieren. Für uns Autistinnen ist es übrigens völlig normal, sich mit Hingabe und Tiefgang einem Thema anzunähern, »speziell« wirkt das Ausmaß unserer Interessen lediglich gemessen an der Oberflächlichkeit der Neurotypikerinnen. *Zwinkersmiley*

Viele Autistinnen bringen neben Spezialinteressen auch Fantasiewelten mit. Einige erfinden eigene Sprachen, andere ganze Welten mit eigenen Sprachen, Völkern, sozialen Regeln und so weiter. Sowohl die Spezialinteressen als auch die Fantasiewelten können als Ressourcen in der täglichen Arbeit benutzt werden. Es lohnt sich also, diese Dinge zu erkunden. Wenn ihre Klientin ein Spezialinteresse mit Ihnen geteilt hat, arbeiten Sie sich ruhig ein wenig in dieses Thema ein.

4.3.1 Spezialinteressen und Fantasiewelten als Stimming

Gespräche über ein Lieblingsthema, egal ob ein Spezialinteresse oder Aspekte einer Fantasiewelt, sind wie Urlaub für das Gehirn. Das Gehirn kann sich an einem schönen Thema abarbeiten, es entstehen schöne Bilder im Kopf, es fühlt sich gut an, ein Thema zu teilen, mit dem man sonst alleine steht, etc. ... Nach einer stressigen Schulstunde kann es eine sehr gute Regeneration für die Klientin sein, wenn sie die ganze Pause lang mit Ihnen über ihr Lieblingsthema diskutieren kann.

Dabei kann es eine Option sein, sich ganz bewusst in die devote Rolle zu begeben. Auch wenn Sie sich beispielsweise in ein Spezialinteresse eingearbeitet haben: Stellen Sie Ihre Fragen so, dass sie den Eindruck einer Person vermitteln, die noch nicht besonders viel weiß. Treten Sie demütig auf und lassen Sie sich alles von Ihrer Klientin erzählen. Wenn Ihre Klientin häufig das Gefühl hat, die Schwächere zu sein beziehungsweise die Person, auf die Rücksicht genommen werden muss, dann ist es eine gute Kompensation, einmal in der Position der Stärkeren zu sein, in einem Gespräch die führende Rolle zu haben beziehungsweise jemandem etwas zu erklären anstatt selbst etwas erklärt zu bekommen.

Zu selbst erdachten Fantasiewelten kann man sich nicht belesen. Hier kann nur die Klientin Antwort geben. Wenn Sie ein Gespräch über dieses Thema starten, dann werden Sie in eine fremde Welt eingeladen. Seien Sie ein behutsamer und respektvoller Besucher und kein gaffender und urteilender Tourist.

4.3.2 Spezialinteressen und Fantasiewelten als Ressourcen

Lieblingsthemen können dazu genutzt werden, um Fächer oder Unterrichtsinhalte, mit denen die eigene Klientin Probleme hat, zugänglicher zu gestalten. Man stelle sich eine Schülerin vor, die große Probleme mit Mathematik hat, aber sich sehr für das römische Reich interessiert. Stellen Sie bei den Textaufgaben die Formulierungen so um, dass die Aufgaben sich um Dinge aus dem römischen Reich drehen. Beispielsweise kann die Währung Euro durch die Währung Sesterzen ausgetauscht werden. Falls im Aufgabentext Personen vorkommen, können diese durch Berühmtheiten aus der römischen Geschichte ersetzt werden.

Das freie Erstellen von Texten im Deutschunterricht kann für Autistinnen eine große Herausforderung darstellen. Versuchen Sie einmal bei einer Schülerin, die eine ausgeprägte Fantasiewelt entwickelt hat, die Schreibaufgabe so umzuformulieren, dass sie in der Fantasiewelt der Schülerin stattfindet. Sehr oft ist es möglich, den Klientinnen einen besseren Zugang zu herausfordernden Themen zu ermöglichen, wenn man sie mit Themen verknüpft, die ihnen am Herzen liegen.

4.3.3 Neue Spezialinteressen und andere Obsessionen

Ein Spezialinteresse begleitet eine autistische Person in der Regel über eine längere Zeit. Aber auch Spezialinteressen sind nicht für immer. Das heißt, dass auch neue Spezialinteressen entdeckt werden. Wenn ein sehr faszinierendes Thema neu entdeckt wird, dann kann das bestimmte Verhaltensweisen auslösen, die womöglich von der Schulbegleitung bearbeitet werden müssen. Das Entdecken des neuen Thema geht einher mit einer starken Fokussierung, die so weit gehen kann, dass dabei alles andere außer Acht gelassen wird. Das ist natürlich gerade in der Schule, wo alle Themen parallel laufen, ein Problem. Dabei kann das faszinierende Thema ein neues Spezialinteresse sein, aber auch beispielsweise ein neues Kapitel im sozialen Umgang, also quasi eine neue Entwicklungsstufe, die mit neuen Möglichkeiten einhergeht. Neben wir hier einmal den Vergleich mit einem See zur Hand: Es reicht nicht aus, einmal nur kurz die Zehen ins Wasser zu dippen. Es ist mindestens notwendig, bis zum Grunde des Sees zu tauchen, und sich dort eine Weile umzuschauen. Das Umschauen ist ein Synonym für das Ausprobieren von und Spielen mit den verschiedenen Aspekten eines Themas.

Beispiel
Während einer Fachberatung wurde mir ein Junge von neun Jahren vorgestellt. Dieser Junge hatte gerade das Thema Schimpfwörter für sich entdeckt und angefangen, diese rigoros einzusetzen. Unter anderem beschimpfte seine Klassenlehrerin, obwohl er sie eigentlich mochte. An dieser Stelle kommen drei Dinge zusammen. Der Junge lernt Schimpfwörter kennen. Er will Schimpfwörter ausprobieren und »meistern« und fängt an, sie in allen möglichen Situationen zu verwenden. Dabei ist ihm noch nicht genau bewusst, welche Rolle Schimpfwörter in sozialen Prozessen spielen und insbesondere welche Sprengkraft sie haben können.

Das Interesse am Thema Schimpfwörter ist ein berechtigtes. Das Anliegen, den Umgang mit Schimpfwörtern zu erlernen, ist ebenfalls ein berechtigtes. Die Art und Weise, wie der Schüler versucht, dieses Anliegen anzugehen, ist sozial aber nicht verträglich. Die eigene Lehrerin zu beschimpfen ist für kein Schulkind in Ordnung. Auch für autistische Kinder kann hier keine Ausnahme gemacht werden. Es besteht aber die Möglichkeit, dieses Anliegen in einem anderen Rahmen zu ermöglichen. Es wäre falsch, den Jungen zu sanktionieren und zu bestrafen für ein berechtigtes Anliegen, das lediglich falsch ausgedrückt wird. Stattdessen sollte ein Raum geschaffen, in dem der Junge das Thema Schimpfwörter ausloten kann, ohne sich selbst Probleme einzuhandeln. Im Falle einer parallel erfolgenden Autismustherapie kann das Thema dort behandelt werden. Es kann aber zum Beispiel auch in Freistunden oder im Lernbüro von der Schulbegleitung behandelt werden. Denkbar wäre beispielsweise eine Session, in der die Schulbegleitung und der Schüler sich gegenseitig Schimpfwörter an den Kopf werfen. Dabei sollte im Vorfeld sehr deutlich klargestellt werden, dass hier eine Arena eröffnet wird, ein künstlich hergestellter Ort, an dem es okay ist, Dinge zu tun und auszuprobieren, die anderswo nicht in Ordnung sind. Es sollte außerdem sowohl für den Schüler als auch die Schulbegleitung ein Safeword oder ein Zeichen vereinbart werden, wann die Übung abgebrochen wird. In diesem Szenario ist es wichtig, dass nicht nur der Schüler Schimpfwörter benutzt, sondern die Schulbegleitung ebenso. Sowohl das Verwenden von Schimpfwörtern soll ausprobiert werden können als auch das Gefühl beschimpft zu werden. Es ist wichtig, dass der Schüler die Gelegenheit erhält, beide Perspektiven kennen zu lernen. In diesem konkreten Beispiel ist es aber auch sehr wichtig, dem Schüler zu verdeutlichen, dass es ein absolutes Tabu ist, Schimpfwörter an die eigene Lehrerin zu adressieren. Optimalerweise ist das Angebot, die Schimpfwörter-Sessions zu veranstalten, verknüpft mit der Vereinbarung, dass das Beleidigen der Lehrerin auf jeden Fall mit sofortiger Wirkung eingestellt werden muss.

Es ist davon auszugehen, dass das Thema Schimpfwörter kein Spezialinteresse wird, was den Jungen längere Zeit begleitet, sondern eine vorübergehende Faszination mit einem Aspekt sozialen Miteinanders, der gerade frisch entdeckt wurde. Aber auch das Entdecken eines neuen Spezialinteresses kann zu sehr starker Fokussierung führen. Es ist wichtig zu verstehen, dass es wenig Sinn macht, eine solche Fokussierung unterbinden, verbieten oder bestrafen zu wollen. Dadurch wird das Interesse lediglich noch mehr entfacht und es ist schwieriges bis herausforderndes Verhalten zu erwarten. Ein sehr starkes Interesse ist wie ein Magnet, gegen dessen Anziehung man sich nicht wehren kann. Entweder erlaubt man der autistischen Person, ihrem Spezialinteresse in einem gewissen Umfang nachzugehen oder man versucht die Person davon abzuhalten. Allerdings hat man es dann mit einer Person zu tun, die die ganze Zeit über nur an ihr Spezialinteresse denkt.

Der konstruktive Umgang mit einer solchen Fokussierung ist, sie zu unterstützen und einen Raum anzubieten, in dem sie stattfinden kann, ohne dass es für die Klientin oder andere Personen negative Folgen hat. Insbesondere auch deshalb, weil die Fokussierung schneller vorbeigeht, wenn der Wissensdurst gestillt werden kann. Sich intensiv mit Themen zu beschäftigen, ist ein autistisches Urbedürfnis. Derartige Urbedürfnisse zu sanktionieren kann zu schweren Schäden in der Persönlichkeitsentwicklung sowie in der Entwicklung von Selbstwertgefühl und Autonomie führen.

4.3.4 Rezept: Aufgaben auf Spezialinteressen oder Fantasiewelten umstricken

Anwendungsgebiet: Schulaufgaben modifizieren

Zutaten:

- Recherche zu Spezialinteressen
- Notizen zu Fantasiewelten
- gegebenenfalls Ersatzpapier

Vorgehen:

- Verändern Sie Aufgabenstellungen, indem Sie Aspekte aus dem Spezialinteresse oder der Fantasiewelt einfügen.
- Bedenken Sie, dass es dem Regelempfinden einer autistischen Person zuwider laufen kann, auf Arbeitsblätter oder in Schulbücher zu schreiben; deshalb sollten Sie Papier vorrätig halten, um parallele Aufgabenblätter zu erstellen.

4.3.5 Rezept: Spezialinteressen-/Fantasieweltsession

Anwendungsgebiet: Freistunden überbrücken, Pausenbeschäftigung, Wiederaufpäppeln nach einem Overload

Zutaten:

- Recherche zu Spezialinteressen
- Notizen zu Fantasiewelten

Vorgehen:

- Bieten Sie Ihrer Klientin die Möglichkeit, über ihr Spezialinteresse oder ihre Fantasiewelt zu reden.
- Schonend: Stellen Sie Fragen und lassen Sie sich Dinge erklären.
- Herausfordernd: Stellen Sie Dinge in Frage und stürzen Sie sich in eine Diskussion.

4.4 Strukturierung

Im vorherigen Kapitel wurde bereits erläutert, dass Gedanken etwas sehr Flüssiges sind. Wenn ein Mensch etwas tun muss, dann benötigt er irgendeine Art von Ablauf. Das Abrufen von Abläufen kann für autistische Personen zuweilen sehr anstrengend sein. Es kann zum Beispiel sein, dass gerade ein Overload vorliegt und es nicht möglich ist, den notwendigen Ablauf abzurufen. Autistische Personen neigen aber auch dazu, besonders intensiv über Dinge nachzudenken. Wie bereits in vorherigen Kapiteln besprochen, können beispielsweise bei der Erinnerung an ein früheres Geschehen auch die damals erlebten Emotionen wieder hochkommen. Das ist ein Indiz dafür, wie detailreich und holistisch autistische Personen denken. Deshalb fällt es ihnen schwer, schnell von einem Thema zum anderen zu springen. Andere Phänomene, die damit zusammenhängen, sind unter anderem:

- Eine Person kann sich nicht an Dinge erinnern, die sie eigentlich weiß, weil die Gedanken, die sie gerade hat, soweit entfernt von diesen anderen Dingen sind.
- Eine Person geht in die Küche, um etwas zu holen. Auf dem Weg beginnt sie, über ein anderes Thema nachzudenken. In der Küche angekommen, weiß die Person nicht mehr, was sie dort wollte.

Ganz generell lässt sich sagen, dass es autistischen Menschen eher liegt, sich sehr intensiv auf eine Sache zu konzentrieren, als sich in schneller Abfolge mit vielen verschiedenen Dingen auseinanderzusetzen. In der Schule lässt sich das aber nicht vermeiden. Deswegen kann es sehr hilfreich sein, externe Strukturierungshilfen anzubieten, um den Energieaufwand für das Wechseln von Thema zu Thema möglichst gering zu halten oder gar komplett zu eliminieren. Wer für das Einnehmen des Mittagsessens eine gute

Ablaufskizze aus der Tasche ziehen kann, braucht sich gar nicht groß auf das Essen einstellen, sondern kann stattdessen den Anweisungen der Skizze folgen und dabei weiter in Gedanken an etwas Anderes schwelgen.

Außerdem lieben autistische Personen Vorhersehbarkeit und Struktur. Strukturierungshilfen könne ganz gezielt genutzt werden, um Situationen zu erleichtern, die ansonsten überfordernd sind. Sie können aber auch sehr breit angewendet werden, um den Gesamtkomfort zu erhöhen. Die folgenden Beispiele sollen einen Eindruck davon geben, wie Strukturierung in der Schule angewendet werden kann.

4.4.1 Schulmaterialien strukturieren

In der Regel gehören zu einem bestimmten Schulfach mehrere Materialien, zum Beispiel ein Buch, ein Heft mit Übungen und ein Heft, in das geschrieben wird. Ein einfacher Weg zur Strukturierung ist, alle Materialien, die einem Fach gehören, in derselben Farbe einzubinden. Zusätzlich kann das Fach im Stundenplan mit der entsprechenden Farbe gekennzeichnet werden. Wo zuvor erst mühselig darüber nachgedacht werden musste, welche Materialien für das aktuelle Fach benötigt werden, reicht es jetzt aus, einen Blick auf den Stundenplan zu werfen. Danach werden die Materialien mit der entsprechenden Farbe aus dem Schulranzen geholt und auf den Tisch gelegt. Anstatt diesen Ablauf aus sich selbst heraus zu generieren, kann einfach auf die externe Strukturierungshilfe Stundenplan zugegriffen werden. Wenn die Schulmaterialien erst einmal auf dem Tisch liegen, dann ergibt sich daraus von alleine eine gewisse Logik: Zu diesem Fach gehören diese Materialien. Das ruft im besten Falle direkt eine Erinnerung wach, wie eine Unterrichtsstunde in diesem Fach typischerweise verläuft. So kann eine Menge mentale Energie gespart werden, die dann für andere Herausforderungen verfügbar ist.

Den Fächern Farben zuzuordnen, ist eine simple und offensichtliche Variante. Man könnte die Zuordnung auch noch individueller gestalten: Für einen Schüler, der großer Fan von Avatar und den zugehörigen Serien ist, könnte eine Zuordnung der Hauptfächer zu den vier Grundelementen Wasser, Erde, Feuer und Luft Sinn machen. Bei einem Klienten, der eine eigene Sprache erfunden hat, könnte man die Materialien in der eigenen Sprache beschriften. In diesem Falle kennen nur Schulbegleitung und der Klient die wahre Bedeutung. Ein solches Konstrukt kann eine Verschworenheit zwischen Schulbegleitung und Klient erzeugen, die wiederum ein Gefühl von Sicherheit oder Geborgenheit mit sich bringen kann.

4 Exkurse für die alltägliche Praxis

4.4.2 Örtlichkeiten strukturieren

Egal ob Förderschule oder Regelschule, von einem gut strukturierten Klassenraum profitieren alle Schüler, egal ob autistisch oder nicht. Zu einem strukturierten Klassenraum gehören zuallererst einmal klare Laufwege. Die Schüler sollten in der Lage sein, von der Tür zu ihrem Platz, sowie von ihrem Platz zum Lehrerpult oder zu den eventuell im Raum gelagerten Schulmaterialien zu kommen, ohne dass sie dabei andere Schüler stören.

Abb. 4.3: Strukturiertes Regal
Dieses Regal befindet sich im Therapiezimmer einer Autismuspraxis, könnte so aber auch in einem Lernbüro stehen. In den offenen Fächern befinden sich Materialien, aus denen die Kinder sich etwas aussuchen können. In den weißen Boxen befinden sich Materialien, die vom Therapeuten genutzt oder angeboten werden. Das Regal bietet durch seinen Aufbau eine klare und geordnete Struktur. Die unterschiedliche Beschaffenheit der Fächer lenkt die Aufmerksamkeit auf die offenen Fächer

Die Möbel sollten möglichst verschließbar sein beziehungsweise Sichtschutz bieten. Offene Regale, in denen Material herumliegt, sind eine leichte Ablenkung. Schränke mit Türen sind verschließbar und somit ruhiger. An den Wänden sollten sich relevante Informationen befinden, etwa der Stundenplan, aber nicht zu viele andere Dinge. Wenn von den Schülern erstellte Bilder, Poster oder Projekte im Klassenraum aufgehängt werden, so sollten diese nicht an dieselbe Wand, an der die Tafel steht, geheftet werden.

Abb. 4.4: Strukturierter Arbeitsplatz
Dieser Arbeitsplatz ist ein Beispiel dafür, wie der Platz für eine Person, die als Nachteilsausgleich Klassenarbeiten und Klausuren in einem eigenen Raum schreiben darf, aussehen könnte. Auf dem Tisch befindet sich eine visuelle Strukturierungshilfe und ein Time Timer. Da die Klassenarbeit in diesem Falle aus mehreren Abschnitten besteht, nämlich zum einem dem Bearbeiten von zwei Arbeitsblättern und zum anderem dem freien Schreiben, gibt es neben dem Arbeitsplatz einen Korb. Dort können die Teile der Klassenarbeit abgelegt werden, die bereits fertig bearbeitet sind, damit sie aus dem Blickfeld verschwinden und nicht ablenken

Wenn es im Raum Möbel gibt, in denen Unterrichtsmaterialien verstaut werden, die regelmäßig verwendet werden, macht es Sinn, alle zu einem Fach gehörenden Materialien an einer Stelle zu sammeln und beispielsweise diesen Teil des Regals in einer Farbe zu gestalten oder anderweitig zu markieren, sodass sich eine ganz natürliche Ordnung ergibt. Eine derartige

Einteilung des Raumes lässt sich wunderbar mit Linien und Pfeilen auf dem Boden unterstützen. Anstatt Farben und abstrakte Symbole zu verwenden, sind aber auch Maskottchen denkbar, zum Beispiel ein Nilpferd am Waschbecken, eine Giraffe bei den Fächern für die Schulmaterialien und ein Affe an den Aufhängungen für die Jacken.

Mit weniger Aufwand aber nach dem gleichen Prinzip können auch Fächer oder Ablagen strukturiert werden. In einem Werkraum können die Fächer für verschiedene Materialien oder Werkzeuge mit verschiedenen Symbolen gekennzeichnet werden. Zu Beginn der Schulstunde kann die entsprechende Kombination aus Symbolen an die Tafel gemalt werden. Dabei sollte auf Details geachtet. Man stelle sich ein Regal vor, in dem von links nach rechts Werkzeuge aufbewahrt werden. Die Symbole sollten in der »richtigen« Reihenfolge aufgemalt sein, also möglichst so, dass man von links nach rechts gehen kann, aber nicht so, dass man erst in der Mitte etwas aus dem Regal holen muss, dann nach links gehen muss, um anschließend ein Werkzeug rechts von der Mitte aufzusammeln. Bei einem Regal mit mehreren Etagen fühlt es sich besser an, wenn man die Gegenstände von unten nach oben oder umgekehrt, aber nicht durcheinander aufsammeln kann.

An Stellen im Klassenraum, an denen die Schüler Tätigkeiten ausführen müssen, können zusätzliche Ablaufdiagramme aufgehängt werden, zum Beispiel ein Ablaufdiagramm für das korrekte Waschen der Hände.

4.4.3 Ablaufdiagramme nach TEACCH

Das erste, was den meisten Leuten zum Thema TEACCH einfällt, sind Bildstrecken. Es soll einmal Erwähnung finden, dass zu TEACCH auf jeden Fall eine Menge mehr gehört, unter anderem der unbedingte Anspruch, autistischen Menschen auf Augenhöhe zu begegnen und zu fördern, sowie eine Philosophie und ein Konzept, wie man dieses Ziel erreichen kann. Ich kann eine Auseinandersetzung mit diesem Ansatz nur sehr empfehlen.

An dieser Stelle soll es aber erst einmal nur um Ablaufdiagramme gehen. Das Prinzip ist relativ simpel, aber auch sehr effektiv. Einzelne Abläufe werden in Form von bildlichen Darstellungen abgebildet. Dabei ist die Art der Visualisierung auf die Bedürfnisse des Klienten abzustimmen.

Ein Thema, was seit Kurzem sämtliche Schüler beschäftigt, ist das Einhalten von Hygienemaßnahmen beispielsweise beim Betreten des Klassenraums. In unserem Beispiel soll die Vorgabe sein, dass die Schüler sich beim Betreten des Klassenraums die Hände korrekt waschen. Unsere Visualisierung richtet sich an einen Schüler, der sehr gewissenhaft ist. Der Gedanke an Covid bereitet ihm große Sorgen. Er will auf jeden Fall sich und sein Umfeld gut schützen. Deshalb ist diese Visualisierung sehr ausführlich, um eine große Sorgfalt zu erreichen.

Beim Gestalten einer Visualisierung können die folgenden vier Fragen benutzt werden, um die Abläufe vorzustrukturieren und sie anschließend in Bilder zusammenfassen zu können.

- Was ist zu tun?
- Wie viel davon?
- Wann bin ich fertig?
- Was kommt danach?

Was ist zu tun?
Hände mit Wasser benetzen.
↓
Wann bin ich fertig?
Wenn die Hände ganz nass sind.
↓
Was kommt danach?
Ich seife meine Hände ein.
↓
Wann bin ich fertig?
Wenn die Hände komplett mit Seife bedeckt sind.
↓
Was kommt danach?
Ich wasche die Seife ab.
↓
Wann bin ich fertig?
Wenn die Hände seifefrei sind.
→

Was kommt danach?
Ich trockne die Hände mit Papiertüchern ab.
↓
Wann bin ich fertig?
Wenn die Hände trocken sind.
↓
Was kommt danach?
Ich werfe die Papiertücher in den Papierkorb.
↓
Was kommt danach?
Ich gehe an meinen Platz.
↓
Ende

Abb. 4.5: Ausführliches schriftliches Ablaufdiagramm Hände waschen

4 Exkurse für die alltägliche Praxis

 Gut gemacht! Ich kann mich setzen.

METACOM Symbole © Annette Kitzinger
www.metacom-symbole.de

Abb. 4.6: In erster Linie grafisches Ablaufdiagramm Hände waschen

4.4 Strukturierung

Abb. 4.7: Ablaufdiagramm (weiteres Beispiel)
Dieses Ablaufdiagramm kommt mit einem Briefumschlag daher. Die zu erledigenden Dinge sind der Reihe nach auf dem Diagramm befestigt. Wenn eine Sache erledigt wurde, kann das entsprechende Piktogramm in den Briefumschlag gesteckt werden. Dadurch wird das Erledigen einer Aufgabe mit einer konkreten Tätigkeit verknüpft, die den Erfolg des Erledigens spürbarer macht. Außerdem verschwinden die Piktogramme der erledigten Aufgaben aus dem Blickfeld und lenken nicht ab

4.4.4 Zeitstrukturierung mit dem Time Timer

Der Time Timer ist ein uhrenähnlicher Apparat. Man kann den Apparat aufziehen, wobei die ablaufende Zeit durch eine Scheibe visuell dargestellt wird. Mit fortschreitender Zeit wird die Scheibe immer kleiner, bis sie ganz verschwindet. Time Timer gibt es in verschiedenen Formen und mit verschiedenen Zeitspannen. Es gibt Ausführungen, die ticken oder die lautlos laufen sowie Geräte, die die Möglichkeit bieten, einen Ton einzustellen, wenn der Zeitraum abgelaufen ist.

Abb. 4.8: Time Timer

Time Timer vereinfachen das auf die Uhr schauen erheblich. Das Ablesen einer Uhr mit Ziffernblatt ist komplex und nicht unkompliziert. Eine

Schulstunde geht in der Regel nicht 60 Minuten, sondern zum Beispiel 45 Minuten. Das heißt, dass über den Schultag verteilt die Schulstunden immer in anderen Zeitintervallen stattfinden. Wenn die 1. Stunde um 8.15 Uhr beginnt, dann beginnt die nächste Stunde um 9.05 Uhr (5 Minuten Pause nicht vergessen). Das heißt, wenn die Klientin eine einstündige Klassenarbeit in der 1. Stunde schreibt, dann muss das Heft genau um 9.00 Uhr abgegeben werden. Das ist noch relativ leicht. Wenn die Klassenarbeit aber in der 2. Stunde stattfindet, dann muss das Heft um 9.50 Uhr abgegeben werden.

Hier kann es leicht zu Verwechslungen kommen. Und weil es leicht zu Verwechslungen kommen kann, kann das auf die Uhr schauen schnell zu einer Sache werden, die Unsicherheit mit sich bringt. Insbesondere während Klassenarbeiten, die bereits mit Prüfungsangst einhergehen können, sind zusätzliche Unsicherheitsfaktoren nun wirklich nicht zu gebrauchen. Der Einsatz eines Time Timer kann das Thema Zeitmanagement sehr vereinfachen und hilfreich dabei sein, ein Zeitgefühl zu entwickeln. An der Scheibe lässt sich schnell und einfach ablesen, wie viel Zeit noch vorhanden ist. Dabei braucht es kein Wissen darüber, welche Schulstunde gerade ist und bis zu welcher Uhrzeit diese Schulstunde geht.

4.4.5 Rezept: Strukturierung von Orten und Materialien

Anwendungsgebiet: Abläufe vereinfachen beziehungsweise angenehmer gestalten, Gesamtvitalität steigern, Alltagsstress minimieren

Zutaten:

- Verschiedenfarbige Materialien
    - Stifte
    - Einschlagpapier
    - Fotokarton
    - oder ähnliches...
- Symbole oder Bilder
    - angelehnt an Spezialinteresse oder Fantasiewelt
    - Nummern, Buchstaben, griechische Buchstaben
    - Piktogramme à la TEACCH
    - Rage Faces oder Memes

Vorgehen:

- Zusammengehörige Materialien kennzeichnen
- Laufwege kennzeichnen
- Aufgabenstellungen an Arbeitsstationen mit Piktogrammen festhalten
- Materialien an Arbeitsstationen markieren

4.4.6 Rezept: Ablaufdiagramme

Anwendungsgebiet: Strukturierung beziehungsweise Festhalten von Abläufen und Tätigkeiten

Zutaten:

- Für Piktogramme oder Social Stories:
  - Vordrucke mit Panels
  - Stifte zum selber Zeichnen
  - Symbole aus entsprechenden Sammlungen im Internet verwenden (Symbolsammlungen wie Metacom, Memes, Rage Faces etc.)
- Für Flowcharts:
  - Wiederkehrende Symbole wie Pfeile, beidseitige Pfeile, Knotenpunkte etc. verwenden
  - Zeichnen oder am Rechner erstellen
- Tabellen:
  - Vordrucke bereithalten

Vorgehen:

- Tätigkeiten und Abläufe in einzelnen Schritten festhalten
- Gegebenenfalls festhalten, wann eine Tätigkeit abgeschlossen ist, sprich den Zustand, wenn alles erledigt ist, festhalten
- Gegebenenfalls einen festen Zeitrahmen angeben

4.4.7 Rezept: Zeitstrukturierung

Anwendungsgebiet: Hausaufgaben, Klausuren, Gruppenarbeit, Werkarbeiten, Umkleide etc.

Zutaten:

- Time Timer
- gegebenenfalls weitere Notizen

Vorgehen:

- Time Timer gut sichtbar aufbauen
- Zeitraum definieren
- Aufgaben für diesen Zeitraum festlegen
    - Hierbei muss auch genau definiert werden, was die Aufgabe ist und wann sie erledigt ist

4.5 Rollenspiele

Für die meisten autistischen Menschen ist reguläres Sozialverhalten eine Performanz. Die Art und Weise, wie neurotypische Menschen ihr Miteinander ausgestalten, fühlt sich für uns oft fremd an. Daran teilnehmen zu können, ist etwas, das wir uns erst erarbeiten müssen. Intuitiv funktioniert es meist nicht. Wenn ich mit autistischen Freundinnen und Bekannten unterwegs bin, dann ist unsere Interaktion und unser Umgang miteinander anders, ungezwungener. Eine Möglichkeit, Autismus zu erklären, ist von einer eigenen Kultur zu sprechen. In unserer Kultur gelten andere Regeln und Gebräuche. Das landläufige Vorurteil, dass autistische Menschen keine Ironie können, stimmt übrigens nicht. In der autistischen Variante von Humor ist feinsinnige Ironie ein beliebtes Stilmittel.

Das heißt nicht, dass es die *eine* autistische Variante von Sozialverhalten gibt. Die meisten von uns können als Kinder ihren Autismus gar nicht ausleben. Wir werden in einer von Neurotypikerinnen dominierten Welt groß und das prägt. In einer Welt mit 99% autistischen Personen und 1% neurotypischen Personen würde soziales Verhalten ganz anders aussehen. Daher ist es in der Regel so, dass wenn zwei hochfunktionale autistische Personen aufeinander treffen, sie sich erstmal gegenseitig ein wenig vergewissern müssen, dass diese oder jene neurotypische Konvention gerade nicht benötigt wird. In einer Selbsthilfegruppe, in der autistische Menschen regelmäßig als Gruppe unter sich sind, kann das dann aber auch deutlich weiter gehen. Jedenfalls, wenn man weiß, dass der Gegenüber ebenfalls autistisch ist oder zumindest von einem der verwandten anderen Planeten ist (zum Beispiel ADHSlerinnen, Borderlinerinnen, Schizophrene, Menschen mit Tourette-Syndrom etc.), dann ist der Austausch ein anderer.

So ist es beispielsweise bei einer guten Freundin überhaupt kein Problem, wenn ich auf dem Boden liege, weil mein Rücken mir gerade wieder Schmerzen bereitet, und die Augen geschlossen habe, während wir uns unterhalten. Uns beiden reicht die Intention, ein Gespräch zu führen und der Austausch von Worten. In die Augen schauen oder andere Höflichkeitsfloskeln zu befolgen, bringt für keinen von uns einen Mehrwert. Die Performanz nicht betreiben zu müssen, kann sehr entspannend sein. Die wichtige Erkenntnis ist, dass Sozialverhalten für autistische Menschen eine Performanz ist. Und dieser Umstand kann in der Schulbegleitung genutzt werden.

4.5.1 Theater AG als Lernbüro für Soziales

Wenn es an der Schule eine Theater oder Musical AG gibt oder ein vergleichbares Angebot, bei dem es um Performen oder Bühne geht, so kann es sich lohnen, einen Versuch zu wagen, Ihre Klientin dort unterzubringen. Dabei muss es nicht unbedingt eine Rolle auf der Bühne sein. In der Regel gibt es auch eine Technikanlage, um die Aula zu beschallen und zu beleuchten. Für eine schüchterne Klientin kann das Bedienen des Mischpultes genau das Richtige sein und bietet eine gute Gelegenheit, alles zu beobachten, ohne zu direkt involviert zu sein.

Theater spielen eine sehr gute Gelegenheit, um Sozialverhalten zu erlernen. Dabei kann es durchaus auch ausreichen, den Proben lediglich beizuwohnen, ohne einen aktiven Part einzunehmen. Zu einem Theaterstück gehört ein Text inklusive der Regieanweisungen. Durch den Text und die Arbeit damit werden einerseits die Motive der Figuren erläutert, andererseits wird aber auch erläutert, wie sie versuchen, diese Motive in Handlungen zu übersetzen. Beim Einüben des Stückes findet folglich auch zugleich eine Analyse der sozialen Zusammenhänge statt: Wie eine Motivation und ein Ziel eine Handlung begründen. Anschließend werden die hierdurch gewonnenen Erkenntnisse durch wiederholtes Performen bei den Proben vertieft.

Somit bietet eine solche AG eine sehr gute Gelegenheit, sich sozialem Handeln auf verschiedenen Ebenen anzunähern und es immer wieder zu üben und dazu auch direktes Feedback zu bekommen.

4.5.2 Persona für schwierige Situationen

Unter einer Persona versteht man eine Facette der Persönlichkeit eines Menschen. Eine Lehrerin wird sich vor der Klasse anders verhalten als zu Hause bei ihrer Familie. Die Performanz, die autistische Menschen leisten müssen, wenn sie sich unter Neurotypikerinnen begeben, ist normalerweise die eigene Rolle. Wir spielen uns selbst beziehungsweise eine Variante von uns selbst, von der wir uns erhoffen, dass sie sozial verträglich ist und die gegebenen Erwartungen bedienen kann.

Wenn Ihre Klientin eine Situation meistern muss, die ihr schwer fällt, dann kann es helfen, eine Persona für genau diese Situation zu entwerfen. So eine Situation kann beispielsweise das Halten eines Referats vor der Klasse sein. Für sehr viele autistische Personen ist das Sprechen vor einer Gruppe von Menschen eine große Herausforderung. Sagen wir mal, die Klasse besteht aus 28 Schülern. Das bedeutet für die Klientin, dass sie mit 29 Personen (Lehrkraft mit inbegriffen) interagieren muss. 29 Personen haben 29 mindestens graduell unterschiedliche Erwartungshaltungen. Dies allein kann zu einer sehr großen Anspannung führen und ich denke, es ist auch nicht notwendig, weiter auszuführen, dass eine solche Situation für autistische Menschen sehr herausfordernd ist.

Eine Persona zu performen, ist jedoch etwas ganz anderes. Wenn die Persona gut erarbeitet ist, dann bedeutet das Performen einer Persona das strikte Befolgen von ein paar Regeln, mehr nicht. Regeln befolgen ist etwas, was Autistinnen liegt. Dadurch, dass man nicht als man selbst vor der Klasse steht, sondern als eine klar definierte Rolle, wird Distanz geschaffen. Die Persona ist so zu entwerfen, dass sie den Erwartungen gut gerecht werden kann, in diesem Falle ein Referat halten kann. Dabei lohnt es sich, Spezialinteressen oder Fantasiewelten heranzuziehen. Wenn die Klientin als derzeitiges Spezialinteresse Star Wars hat, dann würde es sich anbieten, die Persona an eine kluge Person aus Star Wars anzulehnen, beispielsweise Obi Wan Kenobi. Bearbeiten Sie mit der Klientin die Fragestellung: Wie würde Obi Wan Kenobi ein Referat halten? Die dabei gewonnenen Erkenntnisse werden als Regeln festgehalten.

Zum Beispiel so:

- Obi Wan ist ein Jedi-Großmeister. Er ist mutig und kennt keine Furcht.
- Er ist ein fleißiger Gelehrter und hat sich gut auf sein Thema vorbereitet.
- Obi Wan spricht langsam und mit ruhiger Stimme.

Es ist natürlich auch möglich, der selbst erschaffenen Persona einen eigenen Namen zu geben. Geben Sie der Klientin die Möglichkeit, alle erdenklichen Details der Persona auszugestalten. Eine Persona zu entwerfen, soll ein fröhlicher, kreativer Prozess sein. Wenn die Klientin sich das wünscht, kann die Situation ein oder mehrmals durchgespielt werden. Für die Verwandlung in die Persona sollte ein kleines Ritual einstudiert werden. Das Ritual sollte mit einem In-sich-kehren einhergehen. Ein Klassiker ist zum Beispiel die Augen zu schließen, mit geschlossenen Augen nach oben zu schauen und sich vorzustellen, dass man in Scheinwerferlicht blickt, während man auf eine Bühne steigt. Für die Verwandlung in den Referatsgroßmeister Obi Wan Kenobi bietet sich etwa an, kurz die Jedi-Gebetshaltung einzunehmen, die Augen zu schließen, einmal tief einzuatmen, und mit dem Öffnen der Augen die Persona anzunehmen.

Nach dem gleichen Prinzip können auch andere Situationen vorbereitet werden, die Stress bedeuten. Bei jungen Kindern sollte das Prinzip eher spielerisch angewendet werden, bei älteren Klientinnen sollte es als Technik vermittelt werden, die dann möglichst auch selbstständig als Strategie angewendet werden kann.

4.5.3 Rezept: Persona

Anwendungsgebiete: herausfordernde Situationen wie Referate halten, Aufgaben an der Tafel erledigen

Zutaten:

- Ideen für ein Vorbild abgeleitet aus den Spezialinteressen oder Fantasiewelten
- ein Blatt Papier für Skizzen und Notizen

Vorgehen:

- Persona entwerfen und festhalten
- Persona einüben, zum Beispiel indem das Referat im Lernbüro vor der Schulbegleitung und Lernbüromitarbeiterinnen gehalten wird
- Persona in der herausfordernden Situation anwenden

4.6 Stressmanagement und Detektivarbeit

Die Verarbeitung von Geschehnissen und Gefühlen kann bei autistischen Menschen sehr lange dauern. Weil das so ist, kann eine autistische Person einen Overload, Meltdown oder Shutdown erleben, ohne dass es einen erkennbaren Auslöser gibt. Denn dieser Auslöser kann schon einige Stunden oder sogar Tage zurückliegen. Wenn Sie in einer gewissen Regelmäßigkeit erleben, dass Ihr Klient solche Aussetzer hat, aber Sie nicht erkennen können, warum das so ist, ist eine gewisse Detektivarbeit notwendig, um die Auslöser identifizieren zu können.

Fangen Sie an, wesentliche Ereignisse zu dokumentieren:

- In welchen Räumen war der Klient, als der Meltdown passierte, in welchen davor?
- Mit welchen Personen wurde interagiert (unmittelbar davor sowie weiter zurückliegend)?
- Gab es herausragende Ereignisse in den Tagen vorher?

Versuchen Sie, Ihre Beobachtungen so festzuhalten, dass sie darin Regelmäßigkeiten erkennen können. Denkbar wäre beispielsweise ein Monatsplan in dem eingetragen wird, wann der Meltdown passiert. Danach recherchieren Sie, was der Auslöser gewesen sein könnte. Dazu können der Klient, die Eltern, Trainer aus dem Sportverein etc. befragt werden. Falls es gelungen ist, einen Faktor zu identifizieren, der dafür verantwortlich ist, dass Ihr Klient aus dem Tritt gerät, veranlassen Sie, dass der auslösende Event ausgesetzt wird und überprüfen Sie, ob sich die Situation verbessert. Der Auslöser kann etwas sein, was Ihr Klient selbst gar nicht benennen kann und was möglicherweise seinen Eltern verborgen bleibt. Deshalb ist es notwendig, dass Sie eigenständig Schlüsse ziehen. Seien Sie dabei behutsam. Wenn sich Schlüsse für Sie ergeben haben, versuchen Sie, diese zu überprüfen, bevor Sie Maßnahmen ergreifen.

Bedenken Sie aber Folgendes:

Es ist nicht nett Menschen auszuforschen und zu vermessen. Diese »Detektivarbeit« ist nur dann legitim, wenn andere Ansätze ausgeschöpft sind beziehungsweise wenn die mangelnde Kommunikationsfähigkeit von Klienten sie notwendig macht. Sorgen Sie dafür, dass der Klient die Dokumentation nicht mitbekommt! Die meisten autistischen Menschen haben bereits ausgiebige negative Erfahrungen mit Vermessung und Ausforschung gemacht und reagieren entsprechend allergisch darauf. Wenn der Klient das Gefühl hat, ein Versuchskaninchen zu sein, dann ist das der beste Weg, um ein Vertrauensverhältnis zu verspielen.

4.7 Essen sortieren und andere körperliche Sensationen

Ein Phänomen, das im Zusammenhang mit Autismus immer wieder auftaucht: Autistische Menschen, insbesondere Kinder, neigen dazu, das Essen auf dem Teller fein säuberlich zu trennen und jeden Bestandteil des Gerichtes einzeln zu verspeisen. Warum ist das so?

Ein Erklärungsansatz:

Autistische Menschen mögen Vorhersehbarkeit und klare Strukturen. Wenn man Erbsen und Möhrchen gemeinsam zerkaut, dann entsteht im Mund eine völlig unvorhersehbare Mischung aus Erbsen und Möhrchen. Wie sie sich auf der Zunge anfühlt, lässt sich nicht vorhersehen. Wenn man allerdings nur eine Erbse isst beziehungsweise einen Löffel voller Erbsen, dann ist die Erfahrung, die man haben wird, vorhersehbar. Erbsen schmecken auf eine bestimmte Art und Weise. Jede Erbse unterscheidet sich noch mal leicht von der Nächsten. Die eine Erbse ist etwas frischer und knackiger, die nächste ist schon ein bisschen älter und durchgeweichter. Dennoch liegen Erbsen innerhalb eines gewissen Spektrums an Beschaffenheit und Geschmack. Wer schon mal Erbsen gegessen hat, wird beim nächsten Teller Erbsen keine Überraschungen erleben. Zerkaute Erbsen haben eine gewisse breiartige Konsistenz, auch diese ist vorhersehbar, wenn man sie schon einmal erlebt hat. Dasselbe gilt natürlich für Möhrchen. Für sich genommen, haben die Möhrchen eine gewisse Konsistenz und einen gewissen Geschmack. Auch hier gibt es wieder Abweichungen, die aber ebenfalls in einem gewissen Spektrum stattfinden. Wenn man aber Erbsen und Möhrchen zusammen auf dem Löffel hat, dann ist das etwas ganz anderes. Es gibt keine präzise Möglichkeit, die Masse von Erbsen und Möhrchen mit einem Löffel genau zu halten. Das heißt, dass im Mund ein völlig unvorhersehbares Mischverhältnis aus Erbsen und Möhrchen entstehen wird. Es ist ebenso unvorhersehbar, wie genau das schmecken wird und wie genau sich die Konsistenz anfühlen wird. Aus dem Himmel der Vorhersehbarkeit stürzen wir ab in die Hölle der Unvorhersehbarkeit.

Natürlich muss dieser Erklärungsansatz nicht auf alle autistischen Menschen zutreffen. Genauso gut kann es sein, dass das Sortieren des Essens einen ästhetischen Hintergrund hat. Bei einer anderen Person kann es wiederum daran liegen, dass die Person sich vor dem Essen einen Ablaufplan macht: erst die Möhrchen, dann die Erbsen, dann die Kartoffeln und als letztes das Fleisch. Wenn das Essen auf dem Teller erst einmal ordentlich sortiert ist, dann ist es viel übersichtlicher und hat eine Struktur. An dieser Stelle möchte ich kurz erwähnen, dass ich einmal an einer Konferenz teilgenommen habe, auf der eine Menge autistische Menschen unterwegs waren. Es gab dort ein Bällebad. Nach einer Weile waren die Bälle im Bällebad nach Farben sortiert. Dinge ordnen und sortieren ist etwas, das autistische Menschen sehr gerne tun.

Das Aufnehmen von Nahrung ist ein wichtiger Bestandteil des Tagesablaufs. Unter den falschen Umständen kann die Nahrungsaufnahme sowohl für die Klientin als auch für die betreuenden Personen zur Qual werden. Wenn aber die gewählten Lebensmittel die richtigen sind, wenn das Essen in einem ruhigen Umfeld stattfindet und der Ablauf vorhersehbar strukturiert ist, dann kann das Essen als eine Art von wohltuendem Stimming funktionieren.

Das Essen soll aber auch nur als Beispiel dienen für eine Sache, die den Körper involviert. Ein anderes Beispiel sind Anziehsachen oder bestimmte Unterrichtsmaterialien, die berührt werden müssen. Das falsche Essen, ein kratzender Hut oder das Berühren von Kleister im Werkunterricht können individuelle körperliche Sensationen sein, die eine autistische Person völlig überfordern. Wenn Sie derartiges Unwohlsein bemerken, dann erlösen Sie zuerst Ihre Klientin und nehmen Sie sie beiseite. Versuchen Sie, genau herauszufinden, welcher Aspekt der gerade stattfindenden Aktivität das Unwohlsein auslöst und versuchen Sie, einen Weg zu finden, wie an der Aktivität teilgenommen werden kann, ohne die entsprechende körperliche Sensation erfahren zu müssen.

4.8 Wann soll ich eingreifen?

Das Ziel einer jeden Schulbegleitung sollte es sein, sich selbst überflüssig zu machen. Ganz grundsätzlich sollte gelten: so wenig wie möglich, so viel wie nötig. Selbstständigkeit, Eigeninitiative und selbstständiges Treffen von Entscheidungen fällt vielen autistischen Menschen schwer. Daher sollte die Schulbegleitung keineswegs versuchen, alle erdenklichen Herausforderungen vom Klienten fernzuhalten. Wenn Ihr Klient sehr selbstständig agiert, respektieren Sie dies. Vermeiden Sie in jedem Fall eine Helikopterschulbegleitung.

Allerdings kann dieser Grundsatz leider auch nicht für sich alleine stehen. Er steht in einem Spannungsfeld mit der Gesamtvitalität des Klienten. Besteht die Gefahr eines Overloads oder von Schlimmerem, so ist natürlich Handlungsbedarf gegeben. Dabei kann als grober Maßstab Folgendes verwendet werden: Einen Overload zu erleben und eigenständig zu handhaben, ist eine Fertigkeit, die autistische Menschen ab einem bestimmten Alter beziehungsweise einer bestimmten geistigen Reife erlernt haben sollten. Ein Shutdown oder eine Meltdown hingegen sind Situationen, die für die betroffene Person traumatisch sein können und sie in einen Zustand der völligen Hilflosigkeit versetzen können.

Im Folgenden finden Sie einige Fragen, die hilfreich sind, um für sich selbst einmal abzustecken, wann und in welchem Ausmaße man sich einmischen möchte, wenn man nicht explizit von den Eltern oder dem Klienten den Auftrag dazu erhalten hat. Wenn Sie in der täglichen Praxis hierbei Unsicherheit erleben, dann sollten Sie die folgenden Fragen einmal schriftlich oder zumindest mündlich für sich selbst beantworten.

Ist es stark gesundheitsgefährdend?
Finden sie Wege, um solches Verhalten zu unterbinden. Oft kann der Schlüssel dafür sein, eine Verhaltensalternative anzubieten.

Wird es eine Stigmatisierung nach sich ziehen, die dauerhaft werden könnte?
Wenn die Gefahr besteht, dass ein bestimmtes Verhalten beispielsweise zu einem dauerhaft verwendeten, abwertenden Spitznamen führt, so mag es durchaus geboten sein, einzuschreiten.

Wird es Ärger vom Lehrer geben?
Die meisten neurotypischen Kinder machen irgendwann die Erfahrung, von den Lehrkräften Ärger zu bekommen. Diese Erfahrung sollte Ihrem Klienten nicht vorenthalten werden. Natürlich sollte bei solchen Entscheidungen auch immer die Tagesform eine Rolle spielen.

Wird es zu Streit oder Auseinandersetzungen mit Mitschülern führen?
An dieser Stelle kann es Sinn machen, sich noch weitere Fragen zu stellen. Neigt der Klient dazu, in Streitsituationen völlig zu eskalieren? Entsteht der Streit durch ein Missverständnis? Falls ja, macht es Sinn, darauf hinzuweisen? Wird ein Streit die Kraftreserven des Klienten aufbrauchen? Wie viel Zeit benötigt der Klient, um sich von einem Streit zu regenerieren?

Hat es disziplinarische oder strafrechtliche Folgen für mich selbst?
So verlockend es auch zuweilen erscheinen mag, die Regeln zu brechen, die den Klienten so quälen: wenn es dazu führt, dass sie im Anschluss nicht mehr für Ihren Klienten zuständig sind, dann ist dadurch wenig gewonnen.

Muss ich jeder Forderung der Schule beziehungsweise des Lehrpersonals nachkommen?
Auf gar keinen Fall. Die Schulbegleitung ist keine Assistenz für das Lehrpersonal. Dennoch kann es manchmal taktisch klug sein, sich mit den Lehrkräften zum Beispiel durch gewisse Hilfestellungen gut zu stellen, wenn dies ermöglicht, gewisse Hilfen oder Rücksichtnahmen für den Klienten durchzusetzen.

5

Beispiele

Dieses Kapitel soll mit Hilfe von Beispielen die zuvor besprochenen Techniken nachvollziehbarer machen. Es gibt ein abstraktes Beispiel, was ich die »utopische Schulbegleitung« getauft habe. Utopisch ist es in dem Sinne, dass man natürlich in einer realen Begleitung niemals alle Techniken anwenden würde. Es gilt ja nach wie vor der zentrale Grundsatz: so viel wie nötig, so wenig wie möglich.

Es werden außerdem noch beispielhafte Schulbegleitungen vorgestellt, die Abstraktionen von Situationen sind, die ich in meiner Praxis als Schulbegleiter selbst erlebt habe. Dabei habe ich natürlich andere Namen verwendet und die Situationen auch etwas abgeändert, um die Privatsphäre der Klientinnen und Klienten zu schützen.

5.1 Utopie

5.1.1 Vor Beginn der Begleitung

Rahmengespräch

Zu Beginn der Begleitung sollte es ein Rahmengespräch geben. Dabei sollten mindestens folgende Personen anwesend sein:

- die Klientin
- ein Elternteil
- die Schulbegleitung
- eine Vertreterin der Leitung des Schulbegleitungsträgers
- falls es eine Autismustherapie gibt, wäre es sinnvoll, dass auch die Therapeutin teilnimmt

Für die spätere Begleitung ist es wichtig, dass alle beteiligten Personen sich einmal kennengelernt haben. Während des Rahmengespräches soll abgeklärt werden, welche Ziele die Begleitung erreichen soll und wie diese Ziele erreicht werden sollen. Optimalerweise gelingt es, der Klientin zu vermitteln, warum die Schulbegleitung sinnvoll beziehungsweise notwendig ist. Wenn die Klientin dazu in der Lage ist und es sich wünscht, dann sollte sie aktiv in die Ausgestaltung der Ziele eingebunden werden.

Die Ergebnisse des Rahmengespräches sollten schriftlich fixiert werden.

Vorgespräch Schule

Es sollte eine kleine Einführung in Autismus mit anschließender Möglichkeit, Fragen zu stellen, vorbereitet werden. Optimalerweise wird diese Einführung gemeinschaftlich von der Schulbegleitung und der Therapeutin durchgeführt. An dieser sollten mindestens die Klassenlehrerin teilnehmen, im besten Falle aber alle Lehrkräfte, die die Klientin unterrichten.

Förderplan

Es sollte einen Förderplan geben, der im Sinne eines Vertrages zwischen Schulbegleitung, Klientin und Schule verfasst ist und in dem wesentliche Ziele, die erreicht werden sollen, festgehalten werden. Auch hier sollte, falls möglich, die Klientin einbezogen werden.

Nachteilsausgleich

Sollte ein Bedarf für Nachteilsausgleich bestehen, so sollte dieser zusammen mit dem Förderplan zu Anfang des Schuljahres ausgehandelt und niedergeschrieben werden. Anschließend muss der Inhalt des Nachteilsausgleiches unmissverständlich und verbindlich an die entsprechenden Fachlehrerinnen kommuniziert werden. Es ist Aufgabe der Schulbegleitung, zu überprüfen, ob diese Absprachen eingehalten werden.

Es gilt: Wenn Klientinnen zielgleich unterrichtet werden, dann haben sie aufgrund der allgemeinen Fürsorgepflicht einen Anspruch auf Nachteilsausgleich. Die hier anzuwendenden Regelungen findet man im Sozialgesetzbuch IX im Paragraphen 126. Der Klientin darf wegen ihrer Behinderung kein Nachteil entstehen. Dieses Recht leitet sich aus Artikel 3 des Grundgesetzes sowie aus Paragraph 48 des Schwerbehindertengesetzes her.

Sensorische Problemquellen beseitigen und Räumlichkeiten kennenlernen

Falls die Schule dazu bereit ist, sollte die Schulbegleitung vor Beginn des Schuljahres einmal Zugang zu den Räumlichkeiten bekommen, um zu überprüfen, ob es sensorische Problemquellen gibt, die schon im Vorfeld beseitigt werden können. Dazu kann zum Beispiel das Ölen einer quietschenden Türe oder das Beseitigen einer flackernden Neonröhre gehören. Natürlich ist es nicht die Aufgabe der Schulbegleitung, derartige Reparaturen selbst durchzuführen. Sie müssen aber oftmals durch die Schulbegleitung benannt werden, weil nicht geschulte Neurotypikerinnen solche Dinge oft nicht bemerken.

Des Weiteren ist dieser Termin dazu geeignet, sich mit den Räumlichkeiten vertraut zu machen. Gibt es einen Raum, den man als Rückzugsraum verwenden könnte oder gibt es gar einen dedizierten Ruheraum? Gibt es auf dem Schulhof oder nahe der Schule Orte, wohin man sich zurückziehen und sich etwas separieren kann?

Kennenlernen

Im besten Falle findet das Rahmengespräch während der Sommerferien und vor Beginn eines neuen Schuljahres statt, sodass anschließend noch Zeit für zwei bis drei Termine von einer Länge von ein bis zwei Stunden ist, in denen die Schulbegleitung und die Klientin sich kennenlernen können. Dabei sollten Freizeitaktivitäten gewählt werden, bei denen die Klientin sich wohlfühlt.

Diese Termine sollen dazu dienen, dass die Begleitung und die Klientin sich in einem Rahmen, in dem die Klientin völlig entspannt sein kann, kennenlernen können. Damit soll vermieden werden, dass die Klientin in der stressigen Schulsituation noch eine weitere Herausforderung meistern muss, nämlich das Kennenlernen der neuen Schulbegleitung. Es ist außerdem wichtig für die Schulbegleitung, die Klientin einmal in entspanntem Zustand kennenzulernen, weil dies je nach Situation im Schulbetrieb gar nicht möglich sein wird.

5.1.2 Schulbeginn

Vorstellung in der Klasse

Je nach Schulform ist es sinnvoll, dass sich die Schulbegleitung in der Klasse vorstellt. Dabei sind verschiedene Varianten denkbar:

- Die Assistenz stellt sich als neue erwachsene Person in der Klasse vor, die die Lehrkräfte unterstützen wird, ohne explizit die autistische Klientin zu erwähnen.
- Die Assistenz stellt sich vor, erklärt ein wenig, was Autismus ist und bietet den Schülerinnen an Fragen zu stellen. Dabei kann es sinnvoll sein, dass die Klientin anwesend ist oder nicht. Es sollte unbedingt vorher mit der Klientin abgeklärt werden, ob sie damit einverstanden ist, diesem Gespräch beizuwohnen.

Die Vorstellung ist wichtig, um die anderen Schülerinnen einzubeziehen und sie nicht vor vollendete Tatsachen zu stellen. Kinder haben tendenziell viel mehr Verständnis, Interesse und Mitgefühl für Menschen, die anderes sind, wenn ihnen das nicht explizit ausgetrieben oder von Erwachsenen anders vorgelebt wird. Dennoch sind Verständnis und Mitgefühl endliche Ressourcen, mit denen nicht verschwenderisch umgegangen werden sollte. Die Kinder werden akzeptieren müssen, dass der Klientin Sachen erlaubt werden, die ihnen nicht erlaubt werden.

Wenn so etwas ein paar Mal zu oft passiert, dann werden einige Kinder das nicht mehr mittragen wollen, was zu Ausgrenzung und sehr stressigen Situationen für die Klientin führen kann. Daher sollten die anderen Kinder möglichst bei jeder Gelegenheit, die sich dafür anbietet, mit eingebunden werden.

Klare Aufgabenverteilung zwischen Assistenz und Lehrkräften vereinbaren

Für den Unterricht sollte eine ganz klare Aufgabenverteilung zwischen Lehrkräften und der Schulbegleitung vereinbart werden. Dies ist einerseits wichtig für die Klientin, aber auch für die Schulbegleitung selbst.

Dabei sollte sich die Aufgabenverteilung an folgendem Modell orientieren: Regeln durchsetzen und Bestrafung beziehungsweise Sanktionierung sollte durch die Lehrkraft erfolgen. Die Schulbegleitung ist dafür da, Zuflucht zu bieten und ein möglichst starkes Vertrauensverhältnis aufzubauen. Das ist nicht kompatibel mit Sanktionierung. Wenn es notwendig ist, die Klientin zu sanktionieren, kann es im Anschluss notwendig sein, die Klientin aufzufangen. Das kann natürlich nicht durch die gleiche Person erfolgen, die für die Sanktionierung verantwortlich ist.

Sämtliches Lehren sollte ebenfalls von den Lehrkräften ausgehen. Aufgabe der Schulbegleitung ist es lediglich, dafür zu sorgen, dass das Lehrangebot für die Klientin zugänglich ist. Dabei sind die Grenzen aber fließend. So kann es durchaus im Rahmen sein, eine Aufgabenstellung voller Doppeldeutigkeiten umzuformulieren. Die Schulbegleitung sollte aber zum Beispiel niemals eine Lösung einfach vorsagen. Wenn gewisse Aufgaben anstrengend und herausfordernd sind, dann kann die Schulbegleitung für eine Pause sorgen. Wenn sich herausstellt, dass die Last der Aufgaben in einem Fach insgesamt zu hoch ist oder eine zu starke Belastung darstellt, dann kann eine Regelung gefunden werden, dass die Schülerin weniger Aufgaben in diesem Fach erledigen muss. Dabei sollte im Zweifel auch in Kauf genommen werden, dass ein weniger wichtiges Nebenfach unter den Tisch fällt, wenn dies ermöglicht, die gesamte Schulwoche erfolgreich und ohne Ausfallerscheinungen zu absolvieren.

Abseits vom Unterricht sollte es für die Schulbegleitung einen festen Ansprechpartner in der Schule geben: eine Sonderpädagogin aus dem Schulteam, eine Abteilungsleitung, eine Verbindungslehrerin oder eine Person in vergleichbarer Position. Die Person sollte nicht die Klassenlehrerin sein, weil das schnell zu Interessenkonflikten führen kann. Der Ansprechpartner sollte innerhalb der Schulhierarchie eine Position haben, die es ermöglicht, gewisse Dinge durchzusetzen. Mit dieser Person sollten bereits getroffene Absprachen und Regelungen bei Bedarf weiterentwickelt werden.

Es sollte auf jeden Fall geklärt werden, welche Rolle die Schulbegleitung gegenüber den anderen Schülerinnen einnehmen soll und darf sowie welche Entscheidungskompetenzen der Schulbegleitung in Bezug auf den Verbleib der Klientin im Unterricht oder ähnlichen Dingen zugestanden wird.

Die Schulbegleitung sollte außerdem an sämtlichen Teambesprechungen und Konferenzen bzgl. der Klientin beteiligt werden sowie an der Erstellung des Förderplans.

Eine klare Aufgabenverteilung, möglichst auch schriftlich fixiert, ist eine große Hilfe für die Assistenz, um sich vor der Vereinnahmung durch die Lehrkräfte zu schützen. Die Assistenz ist nicht für die Lehrkräfte gedacht. Das vergessen viele Lehrkräfte im Alltag gerne einmal.

5.1.3 Schulalltag

Alltäglicher Umgang

Die Schulbegleitung ist im Bilde darüber, welche Art von Unterstützung sich die Klientin wünscht. Die Erwartungen der Lehrkräfte sind ebenfalls klar kommuniziert. Die Schulbegleitung weiß, wie sie sich der Klientin annähern kann, wenn es notwendig ist, sich einzumischen. Die Schulbegleitung weiß, ob und falls ja, wann sie Pausen machen kann. Es wurde abgeklärt, welche Art von Dingen (beispielsweise Ausflüge, Schulbuchbestellungen etc.) die Schulbegleitung an die Eltern kommuniziert und auf welchem Wege.

Overloads, Meltdowns, Shutdowns

Die Schulbegleitung hat herausgearbeitet, welche Anzeichen bei ihrer Klientin einen Overload ankündigen. Sie kennt Möglichkeiten, um mit dem Overload umzugehen und sie weiß, was zu tun ist, wenn es nicht möglich ist, den Overload zu lindern. Im Falle eines Meltdowns oder Shutdowns weiß die Assistenz ganz genau, wie sie die Klientin aus der Situation holen und an einen Ort bringen kann, wo sie sich erholen kann.

Falls der Schultag beendet werden muss, weiß die Assistenz, wer zu kontaktieren ist (zum Beispiel die Großmutter bei zwei berufstätigen Eltern) und wo die Assistenz und die Klientin sich aufhalten können, bis die abholende Person eingetroffen ist.

Spezialinteressen und Fantasiewelten

Die Schulbegleitung kennt die Spezialinteressen und/oder Fantasiewelten ihrer Klientin. Neben den Gesprächen mit der Klientin hat die Begleitung außerdem auch noch im Internet nachrecherchiert und ein wenig Material vorbereitet, das sie vorhält, um unvorhergesehene Freistunden für die Klientin unterhaltsam zu gestalten.

Reflektionsgespräche zugänglich gestalten

Wenn die Notwendigkeit besteht, eine vergangene Situation zu reflektieren, beispielsweise einen Streit oder ein Missverständnis aufzuklären, so kennt die Schulbegleitung Mittel, um diese Gespräche zugänglich zu gestalten, zum Beispiel mit Social Stories. Hierfür hat die Schulbegleitung einige Vordrucke vorbereitet, die für neue Social Stories verwendet werden können. Es ist außerdem ein Ordner angelegt worden, in dem die Ergebnisse dieser Gespräche festgehalten werden, sodass die Klientin sich diese Dinge erneut ins Gedächtnis rufen kann.

Pausen angenehm gestalten

In den Pausen oder Freistunden nutzt die Schulbegleitung ihr Wissen über das Spezialinteresse, um spannende aber zugleich auch entspannende Gespräche mit der Klientin zu führen. An herausfordernden Tagen lässt die Assistenz sich Dinge erklären. An leichteren Tagen stellt die Assistenz auch Fragen oder stellt Dinge in Frage. Dies soll ein Ansporn für die Klientin sein, sich weitere Dinge auszudenken beziehungsweise eine Chance, zu erklären und sich intellektuell zu verausgaben.

Rückzugsraum

Die Assistenz kennt auf dem Pausenhof, in der Nähe des Klassenraums, bei den Fachräumen sowie in der Sporthalle Orte, wo man sich hin zurückziehen kann, um eine Auszeit zu nehmen. Dabei muss es nicht immer ein komplett getrennter Raum sein. Oftmals reicht auch eine Art von Séparée, beispielsweise könnte es in der Sporthalle der Abstellraum für Sportgeräte sein, auf dem Schulhof könnte es ein Geräteschuppen sein. Es kann sich lohnen, mit der Hausmeisterin beziehungsweise dem Facility Management zu sprechen, ob beziehungsweise wo es entsprechende Räume gibt.

Bei einer Schulbegleitung im Zeitumfang von 20 bis 30 Wochenstunden sollten der Schulbegleitung mindestens drei bis vier zusätzliche bezahlte Stunden in der Woche zur Verfügung stehen, um ausgiebig zu dokumentieren, mit anderen Beteiligten im Austausch zu stehen, und sich entsprechend vorzubereiten, zum Beispiel in dem sie sich in Inhalte einarbeitet, Materialien vorbereitet etc.

5.2 Beispiele

5.2.1 Lennart

Lennart ist ein zehn Jahre alter Junge, der die 4. Klasse der Grundschule besucht. Die ersten drei Jahre seiner Grundschulzeit hat Lennart an einer anderen Grundschule verbracht. Dort wurde er allerdings gemobbt. Seine Schulbegleiterin hatte die Pausen lieber mit Rauchen verbracht als damit, sich um ihren Klienten zu kümmern. Insgesamt war die Situation an der alten Schule so belastend, dass die Eltern sich einen Neuanfang gewünscht hatten. Lennart ist mathematisch und musikalisch begabt. Er spielt Klavier und schreibt bereits eigene Lieder.

Philippe, Lennarts neuer Schulbegleiter, lernt beim Rahmengespräch einen aufgeschlossenen und freundlichen Jungen kennen, der bemüht ist, auf seine Gegenüber einzugehen. Sein Affekt wirkt allerdings manchmal etwas steif. Lennarts Eltern wünschen sich, dass Philippe sich um die Kommunikation zwischen Schule und Eltern kümmert. Elternbriefe und vergleichbare Schriftstücke sollen nicht in der Obhut von Lennart landen, da er diese in seinem Schulranzen verschwinden lässt, aber zu Hause längst nicht mehr dran denkt, diese an seine Eltern weiterzugeben.

Beim Spielen mit Lennart stellt Philippe schnell fest, dass Lennart sehr feste Vorstellungen davon hat, wie das Spielen abzulaufen hat. Abweichungen von seinen Vorstellungen bringen ihn schnell aus der Ruhe und er wird nervös. Lennart erklärt gerne Dinge, er mag es außerdem, Diskussionen über Aspekte seiner Spezialinteressen zu führen. Lennart schaut sehr gerne Disney und Star Wars Filme. Er baut gerne aus Lego große Spielwelten zusammen.

In der Schule kommt Lennart häufig gut alleine zurecht. Im Unterricht kann er sich gut benehmen. Er lernt gerne und ist fleißig. Manchmal korrigiert er die Lehrerinnen, wenn sie etwas falsch an die Tafel schreiben. Lennart hat das Glück, auf eine Lehrerschaft zu treffen, die das nicht persönlich nehmen. Die Schule hat zwar ein sehr altes Schulgebäude, aber dafür wird sie von einer sehr engagierten Direktorin geleitet, die einige moderne Konzepte eingeführt hat, wie zum Beispiel das Programm Klasse

2000. Es gibt ein Mentorenprogramm, bei dem Viertklässler sich um die I-Dötzchen kümmern.

Lennart kommt an der neuen Schule sehr viel besser zurecht als an seiner alten. Die Pausen verbringt Lennart gerne alleine. Er spielt mit sich selbst. Das ist eine Form von Stimming. Er verschafft sich eine Auszeit davon, in der Klasse still sitzen und funktionieren zu müssen. Sein Spiel ist sehr bewegungsbetont. An sehr guten Tagen spielt er auch manchmal mit anderen Kindern. Seine Schwester besucht die Schule ebenfalls, sie ist aber erst in der zweiten Klasse. Wenn Lennart in der Pause mit anderen Kindern spielt, dann sind es in der Regel keine Kinder aus seiner Klasse. Er kommt mit jüngeren oder älteren Kindern besser zurecht als mit Gleichaltrigen.

Manchmal hat Lennart Schwierigkeiten, weil er Dinge sehr wörtlich versteht. Dann muss Philippe ihm Kontexte genauer erklären, oder ihm nahebringen, was gemeint ist. Außerdem passieren im Unterricht manchmal Dinge, die Lennart aus der Fassung bringen. Es ist dann notwendig, dass Philippe ihn beiseite nimmt, damit der Unterricht nicht zu sehr gestört wird. Lennart reagiert in solchen Momenten mit Wut, Frustration oder Trauer. Da die Aufgabenverteilung zwischen Philippe und den Lehrkräften gut strukturiert ist, ist es für Lennart kein Problem, bei Seite genommen zu werden oder die Klasse kurz zu verlassen, um sich zu beruhigen.

Philippe bringt Lennart jeden Tag nach der Schule nach Hause. An den meisten Tagen geht es Lennart gut, wenn er die Schule verlässt. Der Schultag ist für ihn zwar anstrengend, aber nicht so anstrengend, dass er völlig erschöpft ist. Gelegentlich nutzt Philippe den Heimweg, um mit Lennart über sein Verhalten zu sprechen. Lennart hat eine gewisse Art an sich, die sehr besserwisserisch wirken kann. Philippe bringt ihm Stück für Stück näher, welche Außenwirkung Lennart damit hat.

5.2.2 Hannah

Hannah ist ein 12-jähriges Mädchen. Sie besucht die 6. Klasse einer Sekundarschule. Hannah wird von Lucien begleitet. Sie ist ein kluges Mädchen, aber kommt noch nicht gut mit ihrer Hochsensibilität zurecht. Sie schwankt zwischen Momenten, in denen sie hochbegabt wirkt, und Momenten, in denen sie einen sehr verwirrten Eindruck hinterlässt. Sie hat einen starken Willen, was aber in Momenten der Verwirrung nicht gut für sie funktioniert. Hannah hat keinen guten Anschluss an ihre eigene Klasse. Einigen Kindern ist sie egal, andere Kinder nutzen ihre Andersartigkeit, um sie zu hänseln. Oft kann Hannah darüberstehen, aber an schlechten Tagen macht es sie traurig.

Während die Situation in ihrer Klasse nicht leicht für sie ist, hat sie sehr gute Freundinnen in den Parallelklassen, mit denen sie die Pausen verbringt. An einigen Tagen spielt Hannah ausgelassen mit ihren Freundinnen, während Lucien etwas abseits steht und beobachtet. An anderen Tagen ist es Hannah sehr wichtig, Luciens ungeteilte Aufmerksamkeit zu haben. Sie will dann nahe bei Lucien sitzen und alle möglichen Dinge mit ihm besprechen. Dabei wählt Hannah die Themen selbst aus. Dies ist eine Art von Stimming für sie, das sie insbesondere an stressigen und herausfordernden Tagen in Anspruch nimmt. Lucien hört sich dabei geduldig alles an, was Hannah vorzutragen hat. Er stellt gelegentlich Verständnisfragen und setzt nur ganz selten einmal einen eigenen Impuls.

Während des Unterrichts sitzt Hannah ganz vorne in der ersten Reihe neben dem Lehrerpult. Dort fällt es ihr am leichtesten, den Ausführungen der Lehrer zuzuhören. Hannah kommt mit den Unterrichtsinhalten gut zurecht und benötigt hier kaum Unterstützung von Lucien. Allerdings gelingt es ihr immer wieder, in Konflikte mit Lehrkräften zu geraten. Dabei kommt sie dann schnell ins Stocken. Sie kann dann keinen Augenkontakt aufbauen und braucht lange, um Antworten zu geben. Dies ist ein starker Bruch zu ihrem sonstigen Verhalten, das sie eher sehr mutig und vielleicht sogar etwas vorlaut erscheinen lässt. In solchen Situationen ist es wichtig, dass Lucien vermittelt, damit Konflikte mit den Lehrkräften nicht unnötig eskalieren.

Eine große Baustelle bei Hannah ist ihr Schulranzen und ihr Arbeitsplatz. Wenn man Hannah mit ihren Materialien hantieren sieht, bekommt man den Eindruck, dass alle ihre Schulmaterialien miteinander verbunden sind. Was sie aus ihrem Schulranzen holt, wirkt wie ein riesiges Schifferklavier. Tatsächlich sind es aber lediglich ihre Arbeitsblätter und Arbeitshefte. Hannah bedeckt mit ihren Sachen einen kompletten Tisch, an dem sonst Platz für zwei Schüler wäre. Ihr Etui ist voller Stifte, bei denen die Minen oder die Deckel fehlen. An manchen Tagen kann sie ihren Radiergummi nicht finden, an anderen ist der Bleistift unauffindbar. Lucien versucht vorsichtig, auf Hannah einzuwirken. Er hat bereits festgestellt, dass wohlgemeinte Ratschläge ignoriert werden. Allerdings kann man Hannah mit leichtem Triezen erreichen. An guten Tagen ist es möglich, Hannah aufzuzeigen, dass man gewisse Dinge besser machen kann. Dabei ist es notwendig, dass Lucien sehr stichhaltig nachweist, dass seine Herangehensweise schneller, effizienter oder effektiver ist.

Hannah ist eine leistungsstarke Schülerin. Insbesondere in einigen Fächern ist sie immer viel früher mit ihren Aufgaben fertig als die anderen

Schüler. In solchen Situationen darf sie den Klassenraum in Begleitung von Lucien verlassen und ihre Zeit nach ihren eigenen Vorstellungen gestalten. An vielen Tagen kommt Hannah gut zurecht. Allerdings gibt es auch immer wieder Tage, an denen alles zu viel wird. Oft ist der Auslöser dafür ein Ereignis außerhalb der Schule, zum Beispiel ein Streit zwischen Hannah und ihrer Mutter. Ein solches Ereignis greift Hannahs Kraftreserven an. Infolgedessen ist sie in der Schule weniger resilient gegen Stress. Ihr entfahren dann schnippische Kommentare und Bemerkungen, die zu Auseinandersetzungen mit einer Lehrkraft oder Mitschülern führen können. Hier muss Lucien schnell einschreiten und Hannah aus der Situation herausholen. Anschließend ist es notwendig, Hannah zu trösten und ihr ein Ventil für ihre Frustration zu bieten. Wenn Hannah hier nicht rechtzeitig Unterstützung bekommt, dann kann es passieren, dass sie sich erst einmal sehr in die Situation hereinsteigert, so lange bis sie irgendwann abstürzt und völlig erschöpft und verängstigt in sich zusammenfällt. Nach einer solchen Episode kann es sein, dass sie mehrere Tage zu Hause bleiben muss, bevor sie wieder in die Schule zurückkehren kann.

5.2.3 Anian

Anian ist ein 13-jähriger Schüler, der die 8. Klasse besucht. Anian erlebt in der Schule regelmäßig Übergriffe. Andere Kinder beschimpfen ihn oder spielen ihm Streiche, zum Beispiel ist es während der Begleitung vorgekommen, dass ein anderer Junge Anian mitten auf dem Schulhof die Hose herunter gezogen hat. Anian trägt bevorzugt Jogginghosen, weil die mit nicht so viel Gewicht an die Hüften hängen. Wenn andere Schüler Anian angehen, wissen sie, dass er sich nicht wehren wird. Sie können sich ebenfalls sicher sein, dass sie kaum bis gar nicht dafür sanktioniert werden. Zum Beispiel ist der Schüler, der Anian die Hose heruntergezogen hat, dafür überhaupt nicht bestraft worden. Wenn Anian sich allerdings irgendwann wehrt, dann wird er dafür stark sanktioniert. Er muss dann zum Beispiel den Schultag abbrechen. Mehrmals kam es dazu, dass er für mehrere Tage der Schule verwiesen wurde.

Wenn man Anian in Ruhe lässt, dann ist er ein ruhiger, fleißiger Schüler. Wenn er allerdings einen Meltdown hat, verliert er komplett die Kontrolle. Er wird laut und wirft mit Dingen um sich. Er ist in der Regel nicht in der Lage, sich selbst zu beruhigen und es muss dann seitens der Schulbegleitung eingegriffen werden. Diese Situationen sind immer sehr schwierig, denn Anian verweigert die Auseinandersetzung mit seiner Schulbegleitung. Es gefällt ihm nicht, dass er unterstützt wird. Er möchte selbstständig sein. Er hat außerdem sehr genau verstanden, dass seine Situation äußerst ungerecht ist. Ihm ist klar, dass die Schule systematisch versagt. Dies äußert er zum Beispiel, indem er Bezug nimmt auf das Antirassismus Programm der Schule. Er weiß, dass die Schule sehr viel Wert darauf legt, dass niemand rassistisch beleidigt wird. Er weiß aber auch, dass es an dieser Schule völlig normal ist, dass die Worte schwul und behindert als Synonyme für Scheiße verwendet werden.

Er realisiert außerdem ziemlich genau die unterschiedliche Behandlung: Andere Schüler, die ihn mobben und dabei ganz klare Grenzüberschreitungen begehen, bekommen keine Strafen. Er hingegen wird der Schule verwiesen. Autistische Menschen bringen sehr häufig ein äußerst starkes Gerechtigkeitsempfinden mit sich. Bei Anian kommt eine kindliche Perspektive auf die Welt hinzu. Während er in der kognitiven Leistungsfähigkeit seinen Mitschülern ebenbürtig bis überlegen ist, hinkt er im sozialen Verhalten und dem Verständnis für abstraktere soziale Zusammenhänge hinterher. Anian erwartet, dass die Welt gerecht ist. Er hat kein Verständnis dafür, dass er sich in einer Situation permanenter Benachteiligung befindet. Versuche, ihm zu erläutern, dass er besser damit bedient wäre, die Ungerechtigkeit noch für eine Weile zu ertragen, bis er den Schulabschluss geschafft hat, fruchten nicht. Stattdessen weigert Anian sich weitestgehend, Hilfe seitens seiner Schulbegleitung anzunehmen. Auch in anderen Bereichen verweigert Anian sich zusehends mehr. Er will die ungerechte Behandlung einfach nicht länger hinnehmen.

Auf der anderen Seite steht seine Klassenlehrerin, eine gestandene Frau von Mitte vierzig. Von Anfang an hat die Lehrerin es verweigert, sich mit dem Thema Autismus auseinanderzusetzen. Eine von der Autismustherapie angebotene Einführung in das Thema Autismus lehnte sie ab. Aufgrund eines Vorfalles mit herausforderndem Verhalten in der 5. Klasse ist sie der Auffassung, dass Anian an ihrer Schule nichts verloren habe. Sie weigert sich, in irgendeiner Form Zugeständnisse in Richtung Anian zu machen. Stattdessen stellt sie ihre eigene Angst in den Vordergrund. Das auch Anian ein Recht darauf hat, Bildung zu erfahren, und sie die Verantwortung hat, ihm dies zu ermöglichen, interessiert sie nicht. In dieser diskriminatorischen Haltung wird sie komplett von ihrer Vorgesetzten, der Rektorin ihrer Schule, unterstützt.

Das Problem an dieser Situation ist, dass es kaum Handlungsspielraum gibt. Anian liegt mit seiner Einschätzung richtig. Es wird ungerecht mit ihm umgegangen. Sich an Anian zu wenden und von ihm in irgendeiner Form einzufordern, dass er die Situation aushält und durch sein Aushalten auch noch an dieser Ungerechtigkeit teil hat, ist keine Option. Im Falle von Anian haben wir es mit einem sehr dickköpfigen Jungen zu tun. Aber selbst, wenn er bereit wäre, derartige Zugeständnisse zu machen, so wäre das schlicht falsch und eine sehr schlechte Lebenslektion für ihn. Er würde verinnerlichen, dass man Ungerechtigkeit und Leid aushalten und sich selbst unterordnen muss. Ebenso wenig Spielraum gibt es auf der anderen Seite. Die Lehrerin ist eine äußerst unreife Persönlichkeit, die Fehler immer bei allen anderen sucht und der es auch völlig an Verantwortungsbewusstsein für ihrer Rolle mangelt. Sie sieht einfach nur ihre eigene Angst. Dass ein 13-jähriger Junge auf der Strecke bleiben wird, interessiert sie schlicht und ergreifend nicht.

Eigentlich wäre es in dieser Situation gut, wenn man an eine andere Schule wechseln könnte. Leider gibt es in der Umgebung keine geeignete Schule für Anian. Außerdem hat Anian in seiner Klasse Freunde, die er zum Teil schon aus dem Kindergarten kennt. Als Fördermerkmal hat er emotional-sozial. Dies ist ein weiteres Problem. An Schulen mit diesem Förderschwerpunkt findet man häufig Kinder, die sehr rabiat sind in ihrem sozialen Umgang. Dies ist kein gutes Umfeld für empfindsame autistische Kinder. Letzten Endes hat Anians Mutter entschieden, dass er an seiner Schule verbleiben soll. Gegen die gröbsten Auswüchse der Ungerechtigkeit, zum Beispiel die Schulverweise, geht sie juristisch vor. Die Schulbegleitung versucht so gut es geht, Anians Verweigerung zu akzeptieren und ihn möglichst unauffällig zu begleiten und vor Mobbing zu schützen. Wenn er herausforderndes Verhalten zeigt, versucht die Schulbegleitung ihn möglichst schnell aus dem Klassenraum zu bringen.

In vielerlei Hinsicht ist diese Lösung suboptimal. Anian ist regelmäßig Ungerechtigkeit, Demütigungen und Stress ausgesetzt. Die Schulbegleitung ist in einer schwierigen Position. Anians Mutter hat eine Menge Ärger sowie die Kosten für ihre Anwältin am Hals. Auch für die Lehrerin bleibt die Situation unbefriedigend. Weder kann sie ihre eigene Vorstellung durchsetzen noch wird ihr in der notwendigen Deutlichkeit vermittelt, dass ihre Vorstellung falsch ist und sie der Verantwortung, die ihr Beruf mit sich bringt, nicht gerecht wird. In dieser Situation bleibt der Schulbegleitung lediglich die Option, Schadensbegrenzung zu betreiben. Dabei ist aber auch klar, dass hier nur auf Zeit gespielt werden kann. Um Anians Rechte durchzusetzen, muss die Schulbegleitung immer wieder in Konflikt mit der Klassenlehrerin und der Schulleitung gehen. Die Antwort darauf ist, dass die Schulverwaltung Druck bei den Vorgesetzten der Schulbegleitung macht, um die Schulbegleitung loszuwerden.

5.2.4 Frederic

Frederic ist ein 9 Jahr alter Junge. Neben seinem Autismus bringt er eine FAS Diagnose mit sich (Fetales Alkoholsyndrom). Er besucht eine Förderschule. Frederic ist ein zierliches Kind. In der Schule spricht er fast gar nicht. Davon abgesehen macht er aber einen lebendigen, wachen Eindruck. Frederic erkundet andere Menschen mit seiner Nase. Wenn er eine neue Person trifft, dann ist das erste, das er tut, nah an die Person ranzugehen und sie zu beschnuppern.

In Frederics Klasse gibt es mehrere Kinder, die an externem Förderunterricht teilnehmen. Neben der Tafel hängt ein Schaubild. Von jedem Kind dieser Klasse gibt es ein Foto. Die Fotos der Kinder, die heute anwesend sind, werden rechts auf dem Schaubild platziert. Kinder, die fehlen, werden links platziert. Wenn einer der Förderlehrer ein Kind zum Förderunterricht abholt, dann läuft Frederic direkt nach vorne zur Tafel und heftet das Foto des Kindes an die linke Seite. Bevor Frederic eine Schulassistenz erhalten hat, hat dieses Verhalten zu Konflikten geführt, da die anderen Lehrkräfte nicht verstanden haben, warum Frederic sich so verhält. Dass er ein starkes Bedürfnis hat, das Schaubild zu korrigieren, damit es nicht »lügt«, konnten sie erst erkennen und akzeptieren, als es ihnen von einem anderen »normalen« Erwachsenen erklärt wurde.

Frederic ist sehr agil und gerne in Bewegung. Den Schulunterricht hält er immer nur für eine begrenzte Zeit aus. Insbesondere Lärm, über den er keine Kontrolle hat, bringt ihn schnell aus der Ruhe. Wenn es ihm zu viel wird, dann möchte er in den Snoezelraum. Dort macht er sich gerne leise Musik an und spielt mit einer Lichterschlange. Es handelt sich um eine Lichterschlange, bei der die LEDs in einem Gummischlauch eingefasst sind, der sich so ähnlich wie ein Gartenschlauch anfühlt. Frederic drückt sehr gerne auf diesem Schlauch herum und beobachtet dabei, wie das Licht sich verändert. Manchmal wenn er sehr erschöpft ist, möchte Frederic auch einfach nur in der Kuschelecke liegen. Es dauert dann eine Weile, bis er wieder zum Leben erwacht.

Wenn Frederic erst einmal im Snoezelraum ist, will er dort gar nicht mehr weg. Er vermittelt den Eindruck, dass er trotz seines jungen Alters und seiner Einschränkungen ziemlich genau verstanden hat, wann und warum er in den Snoezelraum darf. Nämlich dann, wenn es ihm nicht gut geht. Er weiß auch, dass er eigentlich in den Unterricht zurück soll, sobald es ihm besser geht. Frederic macht aber am liebsten sein eigenes Ding. An manchen Tagen ist es für Frederics Schulbegleitung sehr schwer abzuwägen, ob er sich noch im Overload befindet oder sich schon wieder erholt hat. Es kann nämlich so sein: Frederic hat sich noch nicht vollständig erholt. Ihm zu diesem Zeitpunkt Druck zu machen, wäre verkehrt und würde ihn nur weiter davon wegbringen, sich vollständig erholen zu können. Es kann aber auch sein, dass Frederic eigentlich vollständig erholt ist. Wenn man jetzt auf ihn zugeht und ankündigt, dass es gleich in den Unterricht zurückgehen soll, dann spielt Ferderic seiner Begleitung vor, dass er jetzt sehr gestresst ist.

Frederics Assistenz hat sich für diesen Fall einen Trick ausgedacht. Wenn Frederic tatsächlich gestresst ist, dann weicht jegliche Freude aus seinem Leib. Für Späße ist er dann nicht zu erreichen. Wenn er allerdings seiner Assistenz etwas vorspielt, dann tut er das mit einer spitzbübischen Freude, auch wenn er diese nicht unbedingt zeigt. Frederics Assistenz macht also einfach einen Scherz. Wenn Frederic sich das Lachen nicht verkneifen kann, dann weiß seine Assistenz, dass er jetzt wieder bereit ist, weiter am Unterricht teilzunehmen. Allzu oft muss dieser Test allerdings nicht angewendet werden. Meistens kann Frederics Assistenz an seiner Grundvitalität ablesen, wie gut es ihm gerade geht.

Seitens der Schule ist das auch der Hauptarbeitsauftrag an die Assistenzkraft: Sie soll Frederics Vitalität im Blick haben, und mit ihm den Klassenraum verlassen, wenn oder möglichst bevor er anfängt zu stören. Laut der Einschätzung der Schule hat Frederic nur wenig Entwicklungspotential. Tatsächlich ist es nicht so leicht, ihn zum Lernen und Erledigen seiner Aufgaben zu motivieren. Er hat im Klassenverband Schwierigkeiten, sich zu konzentrieren und bleibt mit seiner Aufmerksamkeit nie lange bei einer Aufgabe. Im Snoezelraum zeigt Frederic sich allerdings ganz anders. So lässt sich zum Beispiel an der Art, wie Frederic mit der Lichterschlange spielt, erkennen, dass er ein ausgeprägtes Interesse an Mustern und Strukturen hat und es durchaus ein Interesse gibt zu lernen und auch ein Potential für Entwicklung gegeben ist. Frederics Assistenz versucht daher, vermehrte Auszeiten für Frederic zu organisieren und beispielsweise die Zeit im Snoezelraum, wenn Frederic sich erstmal erholt hat, auch für Lerneinheiten zu nutzen.

6

Perspektiven und Schlusswort

6.1 Autistische Kultur und Neurotribes

Nachdem wir uns bisher relativ linear von der abstrakten Theorie bis zur alltäglichen Praxis vorgetastet haben, möchte ich Ihnen gerne noch einen kleinen philosophischen Exkurs und einen Buchtipp mit auf den Weg geben, für den Fall, dass Sie daran interessiert sind, Ihr Verständnis von Autismus weiter zu vertiefen.

6.1.1 Autistische Kultur

Wie Sie den vorherigen Kapiteln bereits entnehmen konnten, ist es mir ein hohes Anliegen, dass autistischen Menschen auf Augenhöhe und mit Respekt begegnet wird. Eine einfache Art, um überzogene Pathologisierung zu vermeiden, ist es, sich komplett vom Bild einer Behinderung oder einer psychischen Störung zu trennen und Autismus stattdessen als eine fremde Kultur zu betrachten.

Stellen Sie sich vor, Sie hätten erfahren, dass vor einigen Generationen ein Teil Ihrer Familie nach China ausgewandert ist. Nun kommt Ihre Tante aus der Provinz Qinghai zu Besuch. (Sollten sie zufällig chinesischer Abstammung sein, müssen sie sich natürlich ein anderes Land vorstellen.) Es ist das erste Mal, dass sie Ihre Tante treffen. Bei einem solchen Zusammentreffen wäre es ganz normal, dass eine Menge Fragen gestellt werden. Für ihre Tante, die den Bezug zu ihren europäischen Wurzeln längst verloren hat, wären viele Sitten und Bräuche hier neu. Für Sie gilt das Gleiche: Sie kennen sich mit der asiatischen Lebensart nicht aus und müssten eine Menge Fragen stellen, um Missverständnisse zu vermeiden oder auszuräumen und dafür sorgen zu können, dass Ihre Tante sich wohlfühlt.

Bei einer solchen Begegnung würden weder Sie noch Ihre Tante jemals in Frage stellen, ob die Art und Weise, wie Sie Dinge tun, gerechtfertigt ist. Sie würden davon ausgehen, dass man die Dinge in China halt so erledigt wie Ihre Tante es tut. Und Ihre Tante würde umgekehrt genau so denken. Weder würde sie einen Versuch unternehmen, Sie von Ihrem Deutschsein zu heilen, noch würden Sie versuchen, Ihre Tante vom Chinesischsein zu heilen. In einigen Bereichen würden Sie Ihrer Tante vielleicht unter die Arme greifen, beispielsweise könnte es für Ihre Tante sehr hilfreich sein, wenn Sie sie beim Einkauf im Supermarkt begleiten. An der Kasse können Sie übersetzen helfen und beim Einkauf selbst können Sie den Wegweiser spielen. Sie würden sich aber nicht einmischen in das, was Ihre Tante kaufen möchte. Stattdessen würden Sie davon ausgehen, dass Ihre Tante schon weiß, was sie tut, und lediglich bei der Ausführung ihres eigenen Willens Unterstützung benötigt.

Natürlich setzt dieser Ansatz voraus, dass die Klientin in der Lage ist, ihren Willen ausreichend zu äußern und es ihr relativ leicht fällt, ihre Bedürfnisse und Wünsche zu kommunizieren. Dieser Ansatz bietet sich also bei funktionalen bis hochfunktionalen autistischen Personen an, ist aber nicht unbedingt für das ganze Spektrum brauchbar. Aber wenn er anwendbar ist, kann es für Klientinnen eine sehr erleichternde und auch motivierende bis hin zu emanzipierende Erfahrung sein, nicht mehr wie eine Kranke behandelt zu werden.

6.1.2 Neurotribes

Anknüpfend an eine wertschätzende Sichtweise auf Autismus ist die Idee von Neurotribes, die Steve Silberman in seinem gleichnamigen Buch »Neurotribes – The Legacy of Autism and the Future of Neurodiversity« (Silbermann, 2015) entwickelt. Das Wort Neurotribes setzt sich aus »Neuro«, kurz für neurologisch, und »Tribes« zusammen, das auf Deutsch Stämme bezeichnet. Allerdings sind keine Baumstämme gemeint, sondern Stämme in Anlehnung an Stammesgesellschaften. Hinter diesem Konzept steckt die Idee, dass die Menschheit aus verschiedenen neurologischen Stämmen besteht, wovon Autistinnen nur einer sind. Weitere Beispiele für Stämme wären Menschen mit Tourette-Syndrom, Borderlinerinnen, ADHSlerinnen und Schizophrene.

Dabei erforscht Silberman die Geschichte des Begriffes Autismus und zeigt auf, wie sich autistische Menschen immer wieder in bestimmten Umfeldern zusammen gefunden haben, weil ihre Art zu Denken und ihre Art im Sozialen zu Navigieren, in diesen Umfeldern gut funktionierte. Beispiele für solche Gemeinschaften wären die CB-Funk Szene, aber auch später die Trekkies (organisierte Star Trek Fans). Letzten Endes haben sich aus diesen Gemeinschaften Strukturen autistischer Selbstorganisation und -vertretung ergeben, wie beispielsweise das Forum unter wrongplanet.net. (Der Name Wrong Planet leitet sich ab von Wrong Planet Syndrome, eine von Autisten selbst kreierte Bezeichnung für das Asperger-Syndrom beziehungsweise das autistische Spektrum.) Menschen, die ein tieferes Interesse am Thema Autismus haben, kann ich das exzellent recherchierte Werk von Silberman nur wärmstens empfehlen.

Ich bin ein großer Freund von der Idee der Neurotribes. Derzeit leben wir in einer Gesellschaft, in der der neurotypische Standard sehr dominant ist. Alles was von diesem Standard abweicht, wird pathologisiert. Dabei gibt beziehungsweise gab es durchaus viele Gesellschaften, die eine wertschätzende Haltung zu diesen »Abweichungen« entwickelt haben. So gab es in vielen Kulturen Platz für schizophrene Menschen zum Beispiel in der Rolle von Schamaninnen. ADHS, das es Kindern schwer macht, in der Schule still zu sitzen, ist eine wunderbare Fähigkeit, wenn man zum Beispiel Teil einer Gruppe von Jägerinnen ist. Sowohl bei der Jagd ist eine erhöhte Aufmerksamkeit sehr hilfreich als auch nachts, wenn das aufgeschlagene Lager vor gefährlichen Tieren oder Feindinnen geschützt werden muss. Und könnte es vielleicht sein, dass die Person, im hinteren Ende der Höhle, die in einer Ecke saß und immer wieder zwei Steine gegeneinander schlug, so lange bis ein Feuer entstand, autistische Züge hatte? Leider besitze ich keine Zeitmaschine, um meine Theorie zu überprüfen.

Allerdings bin ich überzeugt, dass auch unsere heutige Gesellschaft Nischen und Plätze für Menschen, die etwas anders ticken, bietet. Und deswegen sollten wir diesen Menschen auch erlauben, so aufzuwachsen, wie sie sind, statt ihnen ihre Eigenheiten austreiben zu wollen und das dann als Heilung zu bezeichnen. Oder um es in den Worten von Temple Grandin zu sagen: »The world needs all kinds of minds.« Zu Deutsch: »Die Welt benötigt alle möglichen Arten von Verstand.«

6.2 Schlusswort

Die Arbeit als Schulassistenz ist nicht einfach. Man befindet sich in einem Spannungsfeld aus den verschiedenen Interessen und Bedürfnissen von Klient, Eltern und Schulpersonal. Zugleich hat man aber keine Macht, um Entscheidungen durchzusetzen. Wenn man auf ein unwilliges Umfeld trifft, kann es extrem viel Fingerspitzengefühl benötigen, um Hilfen durchzusetzen. Inklusion ist, so traurig das auch im Jahre 2022 ist, immer noch Pionierarbeit.

Es gibt aber einen guten Grund, sich diesen Strapazen auszusetzen. Mir sind in meinem Leben so viele erwachsene autistische Personen begegnet, die sich erst mühselig ins Leben zurück kämpfen mussten, nachdem sie in ihrer Schulzeit und Jugend systematisch zerstört worden sind von einem Umfeld, das sie nicht verstanden und deswegen zurückgewiesen hat. Das trifft zum Beispiel auch auf mich zu. Ich habe kein abgeschlossenes Studium. Ich habe auch keine abgeschlossene Ausbildung. In dem Bildungssystem, wie ich es vorfand in diesem Lande, bin ich stets gescheitert.

In meiner Arbeit mit anderen autistischen Menschen aber auch auf meinem privaten Lebensweg sind mir immer wieder autistische Menschen begegnet, die unter den gleichen oder ähnlichen Erfahrungen zu leiden hatten. Was bleibt von einer Kindheit und Jugend voller Ablehnung und Ausgrenzung aber ohne Verständnis? Selbstzweifel. Lähmende Selbstzweifel, ein Leben lang. Menschen, die sich selbst hinten anstellen, die ihre Talente nicht sehen oder nicht an sie glauben können; Menschen, die sich unterordnen und ihren eigenen Wert in Frage stellen; Menschen, die nicht sprechen, obwohl sie etwas zu sagen haben. Mir scheint, dass dieser Zweifel der zentrale Aspekt ist, der den Unterschied macht zwischen autistischen Menschen mit gebrochenen Lebensläufen und autistischen Menschen, die ein Leben in Würde und Selbstbestimmtheit führen können.

Ich möchte nicht, dass immer wieder autistische Menschen diesen Kampf für sich selbst führen müssen, nachdem sie bereits schwer beschädigt worden sind. Ich will, dass zukünftige autistische Generationen es besser haben. Es muss ein Ende haben, dass autistische Menschen zuerst einmal zu Grunde gerichtet werden, um dann irgendwann im Erwachsenenalter den Weg zurück ins Leben zu finden. Es gibt genug autistische Menschen, die das irgendwann schaffen, was nur ein weiterer Beleg für die in ihnen schlummernden Talente ist. Was hätten diese Menschen alles in der Welt bewegen können, wenn sie nicht jahrzehntelang damit beschäftigt gewesen wären, ihre eigenen Kindheitstraumata zu behandeln und zu überwinden?

Als Schulbegleitung haben Sie die Gelegenheit, einen jungen Menschen vor diesem Schicksal zu bewahren. Die meisten Klienten haben in ihrem Umfeld kaum jemanden oder gar niemanden, der sich mit ihnen auf Augenhöhe auseinandersetzt und versucht, sie zu verstehen oder das auch nur könnte, wenn er oder sie es wollten. Sie haben die Chance, genau dieser Mensch zu sein. Sie haben die Gelegenheit, einem Menschen beizustehen, der sonst womöglich ganz alleine dasteht.

Entlassen möchte ich Sie mit einem Zitat, ein schönes Gleichnis darüber, was es heißt, zu lehren. Es ist nicht ganz leicht, den Ursprung dieses Zitates einwandfrei zu klären. Es wird wahlweise Ken Kesey, dem Autor von »Einer flog über das Kuckucksnest« oder buddhistischen Mönchen zugeordnet. Buddhistische Mönche sind natürlich auch immer toll, aber tatsächlich bevorzuge ich Ken Kesey, da er ein tolles Buch geschrieben hat, das definitiv auch einige Botschaften zum Thema Umgang mit und Akzeptanz von Menschen, die anders sind, enthält. Jetzt aber das Zitat:

»We can count how many seeds are in the apple, but not how many apples are in the seed.«

»Wir können zählen, wie viele Samen in einem Apfel sind, aber wir können nicht zählen, wie viele Äpfel sich in einem Samen befinden.«

Ich danke Ihnen für Ihre Aufmerksamkeit und wünsche viel Erfolg in der Schulbegleitung.

7

Verzeichnis der Rezepte

Name	Seite
Kommunikation	92
Aufgaben auf Spezialinteressen oder Fantasiewelten umstricken	97
Spezialinteressen-/Fantasiewelltsession	97
Strukturierung von Orten und Materialien	107
Ablaufdiagramme	108
Zeitstrukturierung	108
Persona	112

Literatur

Autism Science Foundation (2021). *How Common is Autism?* Zugriff am 13.10.2021 unter https://autismsciencefoundation.org/what-is-autism/how-common-is-autism/.

Behindertenrechtskonvention (2006). Artikel 24. Zugriff unter: www.behindertenrechtskonvention.info/bildung-3907/.

Center for Disease Control (2018). *Data & Statistics on Autism Spectrum Disorder.* Zugriff am 13.10.2021 unter www.cdc.gov/ncbddd/autism/data.html.

Chance, P. (1974). A conversation with Ivar Lovaas. *Psychology Today,* 7(8), 76-80, 82-84.

Dattaro, l. (2020). Largest study to date confirms overlap between autism and gender diversity. *Spectrum.* Zugriff am 19.10.2021 unter www.spectrumnews.org/news/largest-study-to-date-confirms-overlap-between-autism-and-gender-diversity/#refs.

Fahrenbach, C. (2011). Die neuen Nerds – Gefeierte Fachidioten. *Spiegel,* Zugriff am 13.10.2021 unter www.spiegel.de/lebenundlernen/schule/die-neuen-nerds-gefeierte-fachidioten-a-746949.html.

Gesundheitsinformationen.de (2021). *Hashimoto-Thyreoiditis,* Zugriff am 31.12.2021 unter www.gesundheitsinformation.de/hashimoto-thyreoiditis.html.

Gray, Carol (2014). Das neue Social Story Buch, Überarbeitete und erweiterte Auflage zum 10. Geburtstag. St. Gallen: Autismusverlag.

Gray, Carol (2019). Comic Strip Conversations. Arlington: Future Horizons.

Groß, M. (2020). Die Theorie der intensiven Welt. *Spektrum.* Zugriff am 24.11.2021 unter www.spektrum.de/news/autismus-markrams-intense-world-theory/1689476.

Markram, K. & Markram, H. (2010). The Intense World Theory – A Unifying Theory of the Neurobiology of Autism. *Frontiers in Human Neuroscience,* 21(4), 224. Zugriff am 24.11.2021 unter www.ncbi.nlm.nih.gov/pmc/articles/PMC3010743/.

Patienten-Information.de (2021). *Marfan-Syndrom – was ist das?,* Zugriff am 31.12.2021 unter www.patienten-information.de/kurzinformationen/marfan-syndrom.

Remington, A. & Frith, A. (2014). Intense world theory raises intense worries. *Spectrum news,* 21. Januar 2014. Zugriff unter www.spectrumnews.org/opinion/viewpoint/intense-world-theory-raises-intense-worries/.

Robinson, K. (2006). Do schools kill creativity? *TED2006,* Zugriff unter www.ted.com/talks/sir_ken_robinson_do_school_kill_creativity/.

Silberman, S. (2015). Neurotribes: The Legacy of Autism and How to Think Smarter About People Who Think Differently. New York: Avery Publishing.

Verbraucherzentrale (2021). *Miracle Mineral Supplement (MMS): Erhebliche Gesundheitsgefahr,* Zugriff am 06.10.2021 unter: www.verbraucherzentrale.de/wissen/lebensmittel/nahrungsergaenzungsmittel/miracle-mineral-supplement-mms-erhebliche-gesundheitsgefahr-11044.

Wagner, L. (2018). *Der Junge, der zu viel fühlte.* München: Europa Verlag.

Warrier, V., Greenberg, D. M., Weir, E., Buckingham, C., Smith, P., Meng-Chuan Lai, M.-C., Allison, C. & Baron-Cohen, S. (2020). Elevated rates of autism, other neurodevelopmental and psychiatric diagnoses, and autistic traits in transgender and gender-

Literatur

diverse individuals. *Nature Communications*, 11(1), 3959. Zugriff am 19.10.2021 unter https://pubmed.ncbi.nlm.nih.gov/32770077/.

Wikipedia (2021). *Mobbing*. Zugriff am 20.09.2021 unter https://de.wikipedia.org/wiki/Mobbing.